西周と「哲学」の誕生

石井雅巳

堀之内出版

はじめに

本書は、山陰の小藩・津和野（現在の島根県津和野町）出身の思想家である西周（にし・あまね：一八二九年〔文政一二年〕―一八九七年〔明治三〇年〕）の入門書です。西が明六社のメンバーとして、福澤諭吉らとともに西洋の学問の紹介や翻訳をはじめとした、いわゆる「啓蒙的な」文筆活動を行ったことについては、高校の教科書にも書いてあるため、ご存知の方も多いかもしれません。では、そんな西周とはいったいどんな人物だったのでしょうか。この問いに一言で答えるのはなかなか困難です。その難しさは、西が幕末から明治初期という時代の大きなうねりの真っ只中を生き抜いたことと無関係ではないでしょう。というのも、彼はある時は幕府の重役にして日本初の憲法案の提出者であり、またある時は日本における哲学の父、あるいは明治政府の官僚にして悪名高い「軍人勅諭」の起草者であり、さらには生涯を通じて幾度も私塾を開き、沼津兵学校や獨逸《ドイツ》学協会学校の設立に深く関わった教育者で、後年は元老院議官、貴族院議員をつとめるなど多種多様な顔をもつ百面相的な人物であったからです。

このように様々な顔をもち、縦横無尽に激動の時代を駆け抜けた西周には、称賛と同時に少なくない批判も突きつけられてきました。そのなかには彼が存命のうちに同時代人から寄せられたものも、戦後になってからなされたものもあります。「西周は洋学者のくせに官僚でもあるのはいかがなものか？」「西周は福澤と比べたら小物だ」「哲学という訳語は失敗作だ」「西周はあくまで翻訳者であって、哲学者ではないのでは？」「西周は軍国主義のイデオローグではないのか？」等々です。この本では、哲学、日本語論、軍事論の三つをテーマに選び、こうした批判に応えつつ、没後一二〇年、そして明治維新一五〇年を迎えたいま改めて西の功績と彼の思想のポテンシャルを見直してみたいと思います。

以下、本書の構成を紹介します。

第一章では、西周による「哲学」の翻訳を主題として扱います。数多くある西の仕事のなかでまず最初に挙げられるのは、やはり西洋語（とりわけ哲学関連）の翻訳でしょう。哲学をはじめとして、概念、主観、定義、理想、抽象、蓋然などは西による翻訳です。こうした様々な訳語の考案によって、西は日本の哲学研究の礎《いしずえ》を築いたと言われます。本書ではまさに「哲学」という訳語に着目し、訳語の変遷やそこに隠された格闘のドラマを追うことで、西による翻訳という行為の内実に迫ります。さらには、翻訳行為を通して、西周は一人の哲学者たりうるのかという問いにも本書なりの答えを提示するつもりです。

西は漢字で西洋語の訳語創出をする一方で、漢字の廃止や日本語のローマ字化などを推進していました。第二章では、あまり注目されない西周の日本語論に焦点をあて、西が時代の課題に向き合いながら、どのような日本語を追い求めていたかを探ります。その上で、漢字による西洋語の翻訳と漢字廃止論という西周の二つの言語実践を扱い、分裂や錯綜にも見える態度を一貫して捉える視座を考えてみたいと思います。

また、西は信教の自由を認めるなど、自由主義的な思想家として活躍した反面、兵部省の官僚として山県有朋の元、軍制の整備にも尽力しました。ここにも西周のねじれがあるように思えます。第三章では、戦後における西周評価にも影響した「軍人勅諭」等の起草者としての側面を扱います。当時の政治的・軍事的状況を踏まえ、西による草稿と実際の条文との比較を行うことで、法・軍事思想家としての西の立ち位置を改めて検討し、彼がいかに現実と向き合い、思考したかに迫ります。

本書で触れた論点は、百面相・西周がもつ多様な相貌のごく一部にかかわるものではありますが、この小著を通じて、西周を「名前だけは知っているあの人」から、現実と常に格闘しつつ言葉に寄り添い思索し続けた者として、あるいは際どい立場に身を置きながら激動の時代を生き抜いた悩める先駆者として、私たちが常に立ち返り参照すべき灯台の如き存在に新しく甦らせるきっかけをつくることができれば、筆者としては望外の喜びです。

目次

はじめに　3

凡例　10

第1章
西周と「哲学」の舞台裏　11

1 西周と津和野／2 百面相としての西周／3 翻訳者として／4 「哲学」への道のり／5 訳に三等あり／6 「哲学」の誕生／7 「哲学」の真意とその後／8 翻訳者か、哲学者か／9 言語観の矛盾!?

第2章
新しい「日本語」を求めて　45

1 日本語論者としての顔／2 国語・国字論争／3 音への着目／4 「日本語」の模索／5 もう一つの分裂!?

第3章
秩序の生成へ 65
1 官僚か、思想家か／2 学者職分論争／3 職務への不満と役割分担／4 消された草案／5 軍人のエートス／6 秩序の生成へ／7 西周に責任はあるか

おわりに 97
参考文献 104
もっと西周を知りたい人のためのブックガイド 106
西周略年譜 111

凡例

一、西周のテクストからの引用にあたっては原則として『西周全集』（宗高書房、一九六〇―一九八一年）を用いたが、漢字を通行の字体にし、濁点を付し、カタカナをひらがなに書き改めた。

一、年代の表記は、利便性を考慮し、基本的に西暦を用いた。

第1章

西周と「哲学」の舞台裏

「哲学というのは、元々ギリシア語でフィロソフィアと言い、知を愛するという意味です。この哲学という訳語を作ったのは、西周という人ですが、彼は最初ギリシア語の意味に対応させて「希哲学」と（ちゃんと）訳したのですが、いつしかこの「希」がポロッと取れまして、いま皆さんの使っている「哲学」という言葉が定着したわけです」――日本中の大学で行われている哲学の入門講義で、このような説明が繰り返しなされてきたことでしょう。しかし、実はこのような見方は、西の翻訳作業を過小評価してしまう危険に満ちています。西のテクストを注意深く追っていくと、そこには全く想像がつかないような格闘がありました。

本章では、この「哲学」というまさにその語の翻訳作業を取り上げ、そこに秘められた知的苦闘の舞台裏を紐解きながら、「西周にとって翻訳や哲学とはいかなる営みだったのか？」や「西周は、翻訳者（紹介者）を超えて、一人の哲学者たりえるのか？」といった問いに本書なりの答えを提示してみるつもりです。ぜひみなさんも読みながら一緒に考えてもらえると幸いです。

1　西周と津和野

とはいえ、「西周って一体何者？」という方も多いかと思います。そこで、彼の具体的な仕事の内容に入る前に、簡単にではありますが、彼を生んだ津和野という土地、そして西周その人の生涯について紹介したいと思います。

西周は、一八二九年に生まれ、一八九八年に六九歳でその生涯を終えています。明治維新が一八六八年ですから、人生の半分以上を江戸時代、残りを明治時代に生きたことになります。まさに幕末から維新という激動の時代を駆け抜けた人生でした。

彼が生まれ育った津和野藩は、現在の島根県西端に位置する、石高四万三千の小藩でした。西を長州藩、東を松平家の浜田藩に接していたため、幕末には倒幕と佐幕のいずれに与するのかという厳しい選択を突きつけられることになった土地です。中世から戦国時代には吉見氏が城を構え、その後江戸時代は、坂崎出羽守ののち、亀井氏十一代がこの地を統治しました。時は流れ、現在の津和野町は、面積が東京二十三区の約半分、人口はわずか約七六〇〇人という小さな町です。SLやまぐち号の終着駅であり、また旅行業界などでは、「萩・津和野」というセットで売り出すことが多いため、津和野を山口県にあると思っている方もいらっしゃるようですが、島根県です。といっても、山を登ってトンネルをくぐればすぐに山口県で、島根県の中心部である松江や出雲からは遠いため、町民に「島根県民」という意識はそれほど高くはないようにも思えます。強いて言えば、かの森鴎外が遺言で述べた「石見人《いわみ》」の方がアイデンティティとして適切かもしれません。

そんな津和野は、吉見氏や彼が仕えた大内氏が持ち込んだ京風文化や、江戸時代の町並みがいまも残り、「山陰の小京都」として多くの観光客を賑わせています。中山間地域の小さなまちではあるものの、多くの文化財にも恵まれ、本書の主人公である西周や森鴎外など学問や文芸の分野で傑出した才能を輩出したことは、この地に住まう人々の誇りにもなっています。

では、このような山間の小さなまちからなぜ周や鴎外といった人材が出てきたのでしょうか。少なくともその要因の一つとして挙げられるのは、藩校養老館をはじめとする文教政策です。養老館は、第八代藩主亀井矩賢《のりかた》により、天明六（一七八六）年に創設されました。その後、弘化四（一八四七）年には、教育基金を捻出するために、江戸深川にあった下屋敷を一万両で売却しています。遊学の制度も整えられており、幕末期には、儒学だけでなく、国学、数学、蘭医学にも力を注ぐカリキュラムが導入されました。なお、大政奉還後には元藩主の依頼で、西は西洋の学問を盛り込んだ教育改革も行っています。その後も、亀井家は東京にて元藩士のために寮を設置するなど、熱心に学問の奨励を行いました。こうした、先進的なカリキュラムの導入や身分によらない学問奨励、江戸や大阪における知的ネットワークの形成などが、周や鴎外らを育んだ好学の気風になったと言えるでしょう。

西周は、文政十二（一八二九）年に津和野藩御典医の息子として生まれました。幼名は経太郎《みちたろう》と言い、のち寿専。名は時懋《ときしげ》。のちに、魚人《なひと》、魯人《ろじん》、蓄髪して「修亮《しゅうすけ》」と改めます。しかし、あるとき幕府の公文書に「周助」と書かれていたので、以後これに従ったそうです〔1〕。その後、明治になってからは、自らを「周《あまね》」と称しました。この理由として本人は、助や輔が官職を表す言葉であり、混同を避けるためだと述べています〔2〕。号は、甘寝（斎・舎）、鹿城、天根など。本書では、彼を指す場合、時代に限らずもっとも有名な「西周」を採用します。周の父・時義は森鷗外の曽祖父の子で、西家に養子に入りました。そのため、周と鷗外は血の繋がりはないものの、親戚関係にあります。ちなみに、津和野には、二人がそれぞれ過ごした旧宅が残されており、津和野川を挟んで目と鼻の先に位置しています。

幼少の頃より祖父から四書五経の手ほどきを受け、藩校養老館でも大変優秀な成績を修めた周は、二十歳になったときに、藩主より一代還俗《いちだいげんぞく》して儒学を学ぶよう命ぜられます。当時、子ども（とりわけ長男）は親の身分と仕事を引き継ぐのが一般的でした。簡単に言えば、侍の子は侍であり、農民の子は農民というわけです。西家は医者の家系ですから、長男である周も医者になるつもりでいました。しかし、あまりに勉学ができるため、周一代に限っては、家業を継がずに儒学者となれという命令（一代還俗）が下ったのです。それから周は本格的に儒学――とりわけ朱子学――を学び、養老館で教鞭をとるようになります。とはいえ、朱子学一辺倒であったかというと、そうではなかったようです。病気で床に臥せていたときに、朱子学を批判していた荻生徂徠の書物を読み、強い感銘を受けたことなども伝えられています。

そんななか、ある大きな転機が訪れます。ペリーの来航とそれに伴う江戸詰めです。一八五三年にペリーが浦賀にやってきた際、津和野藩は情報収集のため藩士を数名江戸に派遣しますが、その中には当時二十四歳の若き西周も含まれていました。西は、黒船をはじめとした西洋の文明に驚嘆し、早速江戸でオランダ語の学習を開始しています。旧来の朱子学に限界を感じ、これまで知らなかった新しい世界に魅了されたのでしょうか、この翌年に西は洋学を本格的に学ぶべく脱藩します。幕末には尊王攘夷運動などの事情で脱藩をする者も少なくありませんでしたが、無断での脱藩は重罪でした。決死の覚悟とも言えるこの行為は、西に同情的な家老の配慮もあり、「永の暇」として処理されました。

その後、西は友人らを頼りつつ、洋学研究に励み、ついに一八五六年に幕府の洋学研究機関である蕃書調所に助手として迎えられます。この頃から西は欧米への留学を強く望むようになります。ようやくその七年後、一八六二年にオランダへの留学を果たします。西は三十三歳になっていました。留学先のオランダでは、ライデン大学のシモン・フィッセリング教授のもとで国際法や経済学を学び、さらには哲学の研究にも力を入れました。

三年ほどの留学を終え、帰国後は開成所（蕃書調所が改変され、名前も変更されたもの）の教授となるとともに、最後の将軍・徳川慶喜の側近として行動を共にするようになります。この慶喜側近時代には、我が国初の憲法草案とも言うべき、「議題草案」を提出しています。また、同時期に京都の更雀寺に私塾を開き、哲学について講義をするなど、ひっ迫した状況のなかでも精力的に活動していたことが窺えます。

大政奉還後、西は徳川家の沼津兵学校の頭取（いまで言う校長）に就任しますが、新政府側に兵部省および文部省出仕を命ぜられ、いわゆる高級官僚として多くの官職を歴任します。官僚時代には「大学条例」の起草に携わったほか、山県有朋のブレーンとして働き、憲法草案の作成や悪名高き「軍人勅諭」の起草などで活躍します。また、森有礼や福澤諭吉らとともに明六社のメンバーとなり、『明六雑誌』で文筆活動を行ったことは、高校の教科書にも載っているので知っている方も多いかもしれません。その他にも東京学士会院第二代及び第四代会長、獨逸学協会学校の初代校長も務め、晩年には貴族院議員にも選出されています。

2 百面相としての西周

ここまで駆け足ながら西周の生涯を概観してきましたが、西周はその時々によって、幕府の重役、思想家、明治政府の官僚、教育者、政治家と様々な顔を持っており、百面相的な人物であったと言えます。このような立場を越えた縦横無尽の活躍ないし、悪く言えば節操のなさは、彼だけに認められるものではありませんが、当時より福澤諭吉から批判されただけでなく[3]、戦後においても、一人の思想家として西周は「福澤と較べては群小」という判定さえ下されてきました[4]。果たしてこのような評価は的を射たものなのでしょうか。本書では、没後一二〇年、明治維新から一五〇年を迎えたいま、改めて西の功績を見直したいと思います。

また、西にまつわる混迷は、立場によるものだけではありません。日本哲学の父、とりわけ翻訳者としての西周にのみ焦点を当てた場合においてすら、そのうちに矛盾とも分裂とも言いうるような事態が見受けられるからです。すなわち、一方で、西周は、「哲学」をはじめとして、現在でも使われている様々な訳語を考案した功績で知られています。そのうちには西が造語したものも、漢学から取ってきたものもありますが、基本的に音読みの漢字熟語となっています。しかし他方で、『明六雑誌』創刊号に掲載された「洋字ヲ以テ国語ヲ書スルノ論」（一八七四年）に代表されるように、彼は漢字の廃止や日本語のローマ字化を推奨した人物でもあるからです。

本書の第一の狙いは、こうした西周の矛盾し分裂しているかのような言語にかかわる活動を、「新しい日本語」の創設という観点から架橋することにあります。なぜ西は、一方で漢字での西洋語翻訳（とりわけ訳語創出）を行いつつ、他方で漢字廃止論を著したのでしょうか。本章と次章では、この問いに答えるべく、西の翻訳実践と日本語論をそれぞれ検討していきます。

いま見てきたように、西は様々な分野で活躍した人物ですが、なかでもまず挙げられるのは、やはり西洋語（とりわけ哲学関連）の翻訳だと思われます。この功績により、西は日本哲学〔研究〕の父と言われることもあります。以下では、西周にとっての翻訳と哲学とはなんであったのかを捉えた上で、一番有名であろう訳語「哲学」を取り上げ、彼にとっての翻訳や哲学とはどのような営みであったのかを探っていきたいと思います。

3　翻訳者として

西周は作品の翻訳者として、『萬國公法』（一八六六年）や『心理学』（一八七五―六年）、『利学』（漢訳）（一八七七年）など多くの業績を残しています。とはいえ、やはり西による翻訳という観点において特筆すべきは、哲学をはじめとする学術用語の翻訳でしょう。西は、現在でも使われている様々な訳語――哲学、主観、意識、概念、命題、肯定、理想、義務、定義、心理学、論理学、帰納、演繹など――を考案しており、現在でも通用する語は五七〇以上あるとされています[5]。

では、そんな西にとって、翻訳とはいかなる営みだったのでしょうか。この問題を考えるにあたって、翻訳そのものが抱える難問について触れておきたいと思います。それは、ある概念が別の言語へと翻訳されることで、元の言語を「裏切って」しまうのではないかというものです。仮に翻訳を、「ある言語（起点言語）の文法と意味を理解し、別の言語（目標言語）へと変換することで、その言語（目標言語）のうちで理解できるようにすること」と考えてみましょう。しかし、完全な翻訳などというものはあるのでしょうか。異なる言語が完全に一対一で対応することはありません。いくら文法を完全に理解していたとしても、翻訳において原文の細かなニュアンスをそっくりそのまま反映させることは不可能なように思えます。

では、西はどのような態度で翻訳に取り組んでいたのでしょうか。残念ながら、西周本人は翻訳そのものについて自らの立場や手法を表立って表明するテクストを書いていません。そこで、彼の翻訳作品の序文や西洋諸学について書いたものから探っていきたいと思います。西は『萬國公法』の凡例で次のように述べています。

翻訳はいとかたき業にしてあれば大なる訛謬《あやまり》なくとも意到に深浅の別《けじめ》と文理に抑揚の差《たが》ひあるは免れ難きものなるをや……〔6〕

つまり、西にとって翻訳とは非常に困難なものであって、重大な誤訳がなくても、起点原語と目標言語との間に意味の程度差やニュアンスの違いがどうしても出てきてしまうことに彼は自覚的だったというわけです。

たしかに、ある部分で西は漢学の教養を駆使しつつ、西洋語の翻訳をしていたと言えます。西は「非学者職分論」において「いわゆる学術なるもの、七、八年前まで四書・五経の範囲に出でず。しかし今にわかに西洋の学術と馳驟《ちしゅう》相競わんと欲するも、また難からずや。いわゆる西洋学術のごとき、世の大家先生と称する者もいまだその蘊奥《うんのう》を究めたりというべからず」〔7〕と記しており、当時支配的であった教養があくまで儒学であり、知識人層にも西洋の学問や制度はさほど知られていなかったことが分かります。それゆえ、新たに訳語を流通させようとした際、元々儒学者としてキャリアを開始し、漢学への造詣の深かった西が、当時の社会において広く共有されていた儒学的な語を一部援用するのは不思議なことではありません。

しかしながら、だからと言って西が西洋の学問と儒学を混同し、前者の用語をそのまま後者で訳したわけではありません。西による西洋の学問、とりわけ哲学と儒学との峻別は、オランダへの留学以前というかなり早い段階からなされていました。盟友松岡隣への書簡には、「…可驚公平正大の論にて従来所学漢説とは頗《すこぶ》る趣を異にし候所も有之候と相覚申候。…只、「ヒロソヒ」之学にての性命之理を説く程朱にも軼《す》ぎ、公順自然之道に本づき」〔8〕とあり、「ヒロソヒ」之学つまり哲学が、「性命之理」という世界の秩序や人間存在の本性を扱う理論的なものという意味で朱子学と似通う部分はあっても、両者はその根本において異質なものであると認めていたからです。

このような背景があったからこそ、西には、カタカナによる単なる音写でも既存の学問との同一視でもない、造語という形での翻訳が可能であったと言えるでしょう。次に示すのは、『心理学』の「翻訳凡例」からです。

本邦従来欧州性理の書を訳する者甚だ稀なる是を以て訳字に至りては固《もと》より適従する所を知らず、且漢土儒家の説く所に比するに心性の区分一層微細なるのみならず、其指名する所も自ら他義あるを以て別に字を選び語を造るは亦已《またや》むを得ざるに出づ[9]

当時の日本語において、西洋の学術書はほとんど訳されていなかったため、訳語の選択について苦労したことが吐露されています。注目したいのは、後半の「其指名する所も自ら他義あるを以て別に字を選び語を造るは亦已むを得ざるに出づ」という箇所です。先ほど、西が翻訳にかんする言語間のズレについて自覚的だったことを確認しました。この箇所で西は、西洋の学問と中国の儒学とを比べた場合、人間の本性や物体の存在原理を問うという点で、一見両者は似ていたとしても、それが指す意味内容は異なるため、西洋語を翻訳する際には、敢えて新しい言葉を作らざるを得なかったということを述べています。

引用部の続きには、「心理学、理性、感性、悟性、実在、主観、客観」と現在でも使用されている訳語が並んでいます。西が漢学の教養をもとに漢字で西洋語を翻訳したからといって、不用意に漢字を滑り込ませているわけではありません。西は西洋の言葉と学問と、中国の言葉と学問を同一視することなく、むしろ両者の差異を自覚し、その間を行き来しながら日本語のうちに新しい言葉を埋め込んでいったのです。

4 「哲学」への道のり

以上で、西周がいかなる態度で翻訳という作業に取り組んでいたのかをみてきました。現在の私たちは、さまざまな辞典や文法書を活用することができますし、分野にもよりけりではありますが、数多くの翻訳を通して学ぶことができます。しかし、西の時代は、辞書類もごく限られたものしか存在せず、その苦労は凄まじいものがあったことでしょう。

このような背景を踏まえた上で、「哲学」という翻訳語ができるまでの道のりを追っていきたいと思います。その変遷を表にしてみましたので、ご覧ください（表1）。

この図はあくまで概略であり、西の訳語選定に多少の揺らぎもあるですが、傾向としては、はじめは「ヒロソヒ」や「斐歯蘇比《ヒロソヒー》」という音写だったものが、それとほぼ同時期に「希哲学《きてつがく》」という訳語が登場し、その後「哲学」へと移っていったと言えます。実は、この「希哲学」から「哲学」への移行については、本人

年代	訳語（ルビ）	出典
1861	希哲学（ヒロソヒ）	「津田真道『性理論』跋文」
1862	ヒロソヒ之学	「松岡隣宛書簡」
〃	ヒロソヒ	「西洋哲学史の講義断片」
〃	希哲学	〃
1863-5	斐鹵蘇比（ヒロソヒー）	『開題門』
1870	希哲学	『百学連環』
1870	哲学	『復某氏書』
1873	哲学	『生性發蘊』
1874	哲学	『百一新論』・『致知啓蒙』

表1

がはっきりとした理由を説明していないため、専門家の間でも見解はまだ定まっていません。それどころか、少なくない論者は、「希哲学」こそ、「知を愛する」という原語フィロソフィア（φιλοσοφία）の意味を正しく訳したものであって、「哲学」という訳語は、フィレイン（φιλεῖν）つまりは「愛する」という動詞性が抜け落ちた「悪しき」翻訳と捉えたり、時の経過による欠落や省略と見做したりしています[10]。果たしてこのような見方は正鵠を得ているのでしょうか。

5 訳に三等あり

ここで、表で示した変遷を考えるための補助線を導入したいと思います。それは、かの有名な『解体新書』(一七七四年)です。意外に思われるかもしれませんが、杉田玄白らによるこの書物には、いまでも西洋の学問の日本語への翻訳ということを考えるうえで示唆に富む記述にあふれています。本書が注目したいのは、その「凡例」における「訳に三等あり」という翻訳の分類です[11]。その三区分とは、「直訳」、「義訳」、「翻訳」です。まず、「直訳」は原語そのままの音の表記を意味し、いまで言う音写のことです。次に、「義訳」は当時の日本語には該当する語がないためその意味を勘案した造語です。最後に、「翻訳」は対応しうる日本語があった場合の言い換えで、今日で言う直訳と言えるでしょうか。このような区分は現在においても有用なものであり、この本でも導入したいと思います。現代語のニュアンスと紛らわしいので、以下『解体新書』における「直訳」、「義訳」、「翻訳」はかぎ括弧をつけて区別します。

もちろん、こうした三区分は時代によって移ろいゆくものであり、一義的に「義訳」と「翻訳」のいずれかが良いと判断することはできないでしょう。とはいえ、先に述べたとおり、翻訳という営み一般を、「起点言語の文法と意味を理解し、目標言語へと変換することで、目標言語のうちで理解できるようにすること」と定義するのであれば、「直訳」は不十分な翻訳と言わざるをえません。とりわけ、同じ語族内での翻訳においては「直訳」で済むものでも、西洋諸語と日本語というまったく異質な言語間の翻訳では、「直訳」か、「義訳」ないし「翻訳」かは無視できない差異となるからです。

さて、これらの区別を使って、もう一度西による「哲学」までの変遷をみていきましょう。そうすると、はじめは「ヒロソヒ」や「斐鹵蘇比」という「直訳」であったが、それとほぼ同時期に「希哲学」という(「翻訳」に近い)「義訳」が登場し、その後「哲学」という完全な「義訳」へと移っていったと整理できます。

こう言うと、ちょっと待ってという声が聞こえてきそうです。「希哲学」が「翻訳」に近い「義訳」であるとなぜ言えるのかということについてですね。まずはこの点から説明していきましょう。西周こそ、はじめて英語で言うところのフィロソフィー(philosophy)を日本に紹介した者であるのだから、「希哲学」なる語が既にあったわけではありません。にもかかわらず、それが「翻訳」に近いと言えるのは、この語が北宋の儒者周敦頤《しゅうとんい》（字は茂叔）の『通書』にある「士希賢（しけんをこいねがう）」からきた言葉であるからです。つまり、「希哲学」という訳語は、これを参考にして――儒学の教養を駆使して――、「賢哲であることを希《こいねが》う学」として作られたのです。実際に、西周は『百学連環』という講義のなかで「ヒロソヒーの意たるは、周茂叔の既に言ひし如く聖希天賢希聖士希賢との意なる」[12]と述べています。このような訳し方には、未だ儒学の教養に依った翻訳法が強く残響していたと言えそうです。

6　「哲学」の誕生

　では、それに対して「哲学」はどうでしょうか。オランダへの留学から帰国後、西は幾度とフィロソフィーの訳語を推敲・比較した結果、「哲学」という定訳を創り出したと言われます。この「哲学」という「義訳」がはじめて公になったのは『百一新論』（一七八四年）においてです。そこで彼は改めて「天道人道を論明して、兼て教の方法を立つるをヒロソヒー、訳して哲学と名づけ」[13]ると宣言しました。では、この推敲・比較作業の内実はいかなるものだったのでしょうか。管見の限り、西がそれについて明確に述べている箇所は同書にはないものの、他の著作に示唆に富む箇所があります。

　哲学原語、英フィロソフィ、仏フィロソフィー、希臘《ギリシア》のフィロ愛する者、ソフォス賢と云義より伝来し、愛賢者の義にて其学をフィロソフィと云ふ、周茂叔の所謂る士希賢の意なり、後世の習用にて専ら理を講ずる学を指す、理学理論など訳するを直訳とすれども、他に紛《まぎ》ること多き為めに今哲学と訳し東洲の儒学に分つ〔14〕

この引用は、『百一新論』出版と同時期に執筆された『生性發蘊《せいせいはつうん》』（一八七三年）からです。「愛賢者の義にて」と語源的な注釈をし、ここでも周敦頤による「希賢ノ意」という先の「翻訳」に近い訳語解釈を提示した後、それでもやはり希を取って「哲学」と訳すという流れになっています。ここから、「愛する」という要素を理解した上で、それを意図的に薄めようとしていることは明白でしょう。その上で、この引用後半における次の二点に着目したいと思います。すなわち、（a）「後世の習用にて専ら理を講ずる学を指す」という箇所と（b）「理学理論など訳するを直訳とすれども、他に紛ること多き為めに今哲学と訳し東洲の儒学に分つ」という最後の部分です。

（a）の「後世の習用」とはなにを指しているのでしょうか。西は引用箇所の前段において、哲学の来歴として古代ギリシアにおけるソクラテスの「偽学家《ソフィスト》」との対決を紹介し、引用箇所でも愛賢者（つまりはフィロソファー）という語を用いていることから、プラトンより後の世代のフィロソフィアの用例を念頭に置いていると言えます。しかし、哲学の歴史はソクラテスとその弟子であるプラトンからはじまったとも言えるわけですから、これでは範囲が広すぎます。なにか手がかりはないでしょうか。その際、哲学が「専ら理を講ずる学を指す」と説明されていることに着目してみましょう。すると、哲学は第一の原因・原理を対象とする学であるとするアリストテレス『形而上学』の説明が想起されます。しかし、これでも念頭に置かれている対象が狭められたとは言えないでしょう。他に哲学史的にヒントになるものはないでしょうか。

文全体を眺めた際、「愛する」という要素を意図的に薄めようとしていることは既に確認しました。これに加えて、西周が『百学連環』において、学問のエンチクロペディー（体系や要綱）やその連環を説いたことを考え合わせると、ドイツの哲学者ヘーゲル『精神現象学』の「序説（Vorrede）」における以下の言葉を西の「哲学」という「義訳」への変遷に読み込むことはできるかもしれません。

哲学が学の形式に近づくこと、言い換えれば、知に向かう愛という哲学の名から脱却しえて、現実的な知になるという目標に哲学が近づくこと、この仕事に協力しようというのが私の目指すところである。〔15〕

「愛する」という言葉への反感は、それがヘーゲルの批判対象であったロマン主義者（ロマンティカー）の合言葉だったことにあります。西は一八六二年という比較的早い時期からヘーゲルに言及しており、一貫して関心をもっていたことが窺われます。なかでも、西は『開題門』において、哲学の隆盛をヘーゲルに至るまでの道として概説しており〔16〕、『百学連環』においては自身の「百教の一致」という考えの下支えとしてヘーゲルの弁証法や学問論を評価していました[17]。その後、西の関心が功利主義や実証主義へと移るなかで、ヘーゲルの弁証法やドイツ観念論への評価は冷ややかなものに変わっていきます。それゆえ、西周がヘーゲルの意図をそのまま受け継いだとは言えないでしょう。しかしながら、西周の関心の転換を大掴みに言えば、まさに形而上学的・観念論的なものから現実的・実証的なものへの移行でした。ヘーゲルのいう「現実的」とは意味内容にずれがあるとはいえ、西の哲学観に「現実的な知へ」という方向性を見出すこと自体は可能でしょう。つまり、「希哲学」から「哲学」への変化には、ヘーゲルにかんするある種の生産的な「誤読」が介在していると理解できる余地があるのではないでしょうか。

続いて、(b)「理学理論など訳するを直訳とすれども、他に紛ること多き為めに今哲学と訳し東洲の儒学に分つ」の部分の解釈に入りましょう。ここでは、「理学」や「理論」と訳してしまうと紛らわしくなるので、いま改めて「哲学」と訳すことで、中国の儒学と峻別すると述べられています。当時、フィロソフィアを「理学」と訳していた人物としては、中村正直や中江兆民がいます。しかし、「理」という語は、朱子学における基本概念であって、日本語においても儒学の言わば手垢にまみれた語でした。それゆえ、フィロソフィアの訳語として「理」を使うことは、西が指摘するように、哲学と儒学を混同することにつながりかねません。「希哲学」という語は、周敦頤という儒者の言葉が由来であることを取り上げましたが、その後「希」を取り除くに至る背景には、こうした哲学と儒学の峻別という問題があったと言えます。ここには、先に確認した、西周の翻訳観とも言うべきものがしっかりと反映されていると捉えるべきでしょう。

7 「哲学」の真意とその後

以上の『生性發蘊』にかんする分析から、西がフィロソフィアの訳語を「希哲学」から「哲学」へと改めた真意に新たな仮説を与えることができるのではないでしょうか。

すなわち、西は、第一に、アリストテレス以降の哲学において、「愛する」という要素が既に薄れているという当時としては類を見ない卓抜な哲学史解釈を有していたということ、第二に、ヘーゲルを経由しつつ、当時の最先端の哲学であったミルやコントらの功利主義的・実証主義的な哲学を咀嚼することで自らの哲学観を形成していたこと、そして第三に、「理学」や従来の「希哲学」という訳語では、未だそこに残る儒学的意味合いを脱色しきることができず、西洋哲学の独自性を見誤ってしまう危険性を察知していたということです。それゆえにこそ、彼はより徹底した「義訳」たる「哲学」を提示するに至ったと考えられます。したがって、「希哲学」から「哲学」への変遷を単なる語頭の欠落や西による思慮を欠いた省略と見做すことは、西の翻訳実践の内実やその意義を看過してしまう危険性があるでしょう。

また、「哲学」という訳語は、その後中国に輸入され、現在でも使われていま す。それは西の「義訳」が徹底していたからこそ、儒学という巨大な「理」の学問体系とその歴史を宿す彼の地において、儒学と区別されたフィロソフィアの訳語としていまもなお使われ続けていることの証左と見做すこともできるかもしれません。

いま改めてフィロソフィアを訳し直すということを考えた場合、個人的には「希哲」と当てるのは一つの見識であると思います。とはいえ、「希哲学」と訳してしまうと、「〝賢哲であることを願い求めること〟にかんする学問」との意になり、煩雑でやや不可解な表現となってしまいます。それは、フィロソフィアには、学をあてることの多い〝ロゴス〟(-logyなどのかたち)という語が含まれていないことに起因するでしょう。それゆえ、「哲学」の方が、「賢や知にかんする学」と解せば実情にも合っており、結果的にではあるけれど、古代哲学、ドイツ哲学、分析哲学などと応用できる柔軟性も獲得できたと言えるかもしれません。

8　翻訳者か、哲学者か

最後に、これまでの議論を踏まえて、「西周にとって翻訳や哲学とはいかなる営みだったのか？」や「西周は、翻訳者（紹介者）を超えて、一人の哲学者たりえるのか？」という問いに答えてみたいと思います。

西にとって翻訳とは、横のものを縦にするという安易な行為ではなく、むしろ一方で、異なる言語の間に屹立する他者性――それも西洋語と漢字という二重の他者との間の――を自覚し、それを抹消することなく、さらに他方で、単なる音写やカタカナ化に満足せず、目標言語内でその語の意味を体現するような訳語創出を決断し、実行することであったと言えるでしょう。とりわけフィロソフィアの訳語にかんする変遷やそこに読み取られる逡巡には、「完全なる翻訳」の不可能性を自覚しつつも、先行する学問的蓄積に目を配りながら、可能な限り起点言語のテクストに肉薄し、目標言語（すなわち日本語）へと転換しようとする思索が深く刻まれています。哲学史という学問的蓄積の捉え返し、起点言語やテクストそのものへの反省、異なる言語がもつ他者性の自覚、そして最善を尽くす言語創造、これらが西の翻訳・哲学実践であり、西を一人の哲学者たらしめていると言えるのではないか、これが本書なりの答えになります。みなさんはどう考えるでしょうか？

9 言語観の矛盾!?

西周は、「哲学」をはじめとして多くの訳語を作り出しましたが、そのほぼ全てが漢字熟語のかたちをとっていることにお気づきの方もいらっしゃるかもしれません。しかしながら、『明六雑誌』創刊号に掲載された「洋字ヲ以テ国語ヲ書スルノ論」（一八七四年）に代表されるように、西は漢字の廃止や日本語のローマ字表記を推奨した人物でもありました。つまり、西は一方で漢字で西洋語翻訳を行いつつ、他方で漢字廃止論やローマ字推奨論を書いていたわけです。一見すると、ここに矛盾とも分裂とも言いうるような事態が見受けられます。そこで、次章では、西の日本語論をメインの主題として扱い、彼が一体どのような言語観をもっていたのかを整理することで、この矛盾を解消することを狙いたいと思います。

[1] 森鷗外「西周伝」(『鷗外全集』第三巻、岩波書店、一九七二年、四九頁)
[2]「西家譜略」(『西周全集』第三巻、宗高書房、一九六六年、七二二頁)
[3] 福澤諭吉「学者の職分を論ず」。福澤と他の明六社メンバーとの間で交わされた「学者職分論論争」については、本書の第三章を参照。
[4] 植手通有「明治啓蒙思想の形成とその脆弱性」(『日本の名著34　西周／加藤弘之』中央公論社、一九七二年、二五頁)
[5] 手島邦夫「西周の訳語の定着とその要因」(『国語学会二〇〇一年度春季大会要旨集』、日本語学会、二〇〇一年、五四―六一頁)
[6] 大久保利謙編『西周全集』(第二巻、宗高書房、一九六一年、七頁)
[7] 大久保利謙編『西周全集』(第三巻、二三七頁)
[8] 大久保利謙編『西周全集』(第一巻、宗高書房、一九六〇年、八頁)
[9] 大久保利謙編『西周全集』(第一巻、八頁)

[10] 残念ながら、非常に多くの書籍がこのような立場を取っています。ここでは代表的なものを挙げておきます。斎藤信治『改訂増補　哲学初歩』（東京創元社、一九六〇年、一九―二〇頁）、加藤信朗『ギリシア哲学史』（東京大学出版会、一九九六年、四頁）、齋藤毅『明治のことば　文明開化と日本語』（講談社学術文庫、二〇〇五年、三五七―三六二頁）小林秀雄「哲学」（『考えるヒント2』文春文庫、二〇〇七年、一四〇―一四四頁）。

[11] 『解体新書』の訳語分類に着目するものとしては以下を参照。小玉齊夫「西周と「哲学」・粗描」（『論集』10、駒澤大学、一九七九年、三七―五二頁）

[12] 大久保利謙編『西周全集』（第四巻、宗高書房、一九八一年、一四六頁）

[13] 大久保利謙編『西周全集』（第一巻、二八九頁）

[14] 大久保利謙編『西周全集』（第一巻、三一頁）

[15] G.W.F. Hegel, *Phänomenologie des Geistes* (G.W.F. Hegel: Werke. Bd. 3, Frankfurt am Main: Suhrkamp, 1986, S. 14.)『精神の現象学』（金子武蔵訳、岩波書店、一九七一年、七頁）

[16] 大久保利謙編『西周全集』（第一巻、一九頁）

[17] 大久保利謙編『西周全集』（第四巻、一八〇頁）

第2章

新しい「日本語」を求めて

「**日本語の表記をローマ字にせよ。**」今ではぎょっとしてしまうような西周の主張ですが、当時の日本語は と言えば、書き言葉と話し言葉が一致しておらず、「共通語」もありませんでした。それゆえ、明治初期の知識人たちは、時代の重要課題として新しい統一的な「日本語」のかたちを模索していたわけです。西の一見突飛な日本語論を同時代人の議論のうちに位置付け、そこに込められた真意を探ってみたいと思います。

その上で、西の日本語論と、前章で述べた翻訳論とを突き合わせることで、西が言語についていかなる態度をとっており、そこからなにが読み取れるのかについて考えてみたいと思います。

1　日本語論者としての顔

西周というと、やはり哲学をはじめとする西洋思想の紹介者や国際法・軍事関係を専門とする高級官僚というイメージが強いでしょう。しかし意外にも、西は、『ことばのいしずゑ』（一八七〇年?）、『詞の麓路』（一八七三年?）、「洋字ヲ以テ国語ヲ書スルノ論」（一八七四年。以降、「洋字ヲ以テ…」）、『日本語範』（一八七九年）、「彙言便覧稿本」（一八七九年）と多くの日本語論や日本語文法論を執筆しています。おそらくは、その多くが公刊されなかったことが知名度の低さの原因と思われます。

今回は細かな文法論には入らず、あくまで西周の日本語観がどのようなものであったのかを核に据えてみていきます。注目すべき論点は以下の三つです。一つ目は、『文武学校基本並規則書』（一八七〇年）や「洋字ヲ以テ…」に代表される「漢字廃止・ローマ字論」、二つ目は、『ことばのいしずゑ』に見られる「ひらがな文法」、三つ目は、『百一新論』などで実践されている「漢字による訳語創出」です。結論を先に述べておけば、西は、ひらがな・ローマ字・漢字という三つの文字のあいだで新しい「日本語」を考えていたということを本章では示すつもりです。そこでの知的格闘やそこに込められた意図とはいかなるものだったのでしょうか。

西周の日本語論に取り組むにあたって、まずは当時の状況を押さえておきましょう。幕末から明治にかけて日本語論に取り組んでいたのは西だけでは当然なく、その端緒は、前島密が時の将軍徳川慶喜に建白した「漢字御廃止之儀」(一八六六年)にあります。ちなみに、前島は明治になってから「まいにちひらがなしんぶんし」を刊行しています。とはいえ、この「まいにちひらがなしんぶんし」は一八七三年からわずか一年ほどで廃刊となってしまいます。様々な原因が指摘されていますが、全部ひらがなだと読みにくいということでした。

西の漢字の廃止・日本語のローマ字化論である「洋字ヲ以テ…」は、『明六雑誌』の創刊号に掲載されましたが、同号には西村茂樹「開化の度に因て改文字を発すべきの論」も併載されています。政治体制や法制度をはじめとして、西洋文明の輸入と普及こそが急務であり、国民にこれを周知徹底させるには当然言語を媒介とする必要がありました。それゆえ、当時の知識人階級の間で、国字を改良し、より簡易・便利にする「国語・国字論争」が活発に議論されていました。

西は、「洋字ヲ以テ…」において、「今洋字を以て和語を書す其利害得失果して如何、曰く此法行はるれば本邦の語學立つ其利一なり」[1]と説き、安易な西洋礼賛というよりは、翻訳の利便性・学習効果の高さ・印刷の効率性など実用的な観点から日本語のローマ字表記を推奨しています。たしかに、日本語をローマ字で表記するようになれば、外国由来の固有名はそのまま使えるし、印刷に関係する機械類もそのまま輸入したものを使えば済むというわけで、一理あるように思えますが、なかなか突飛な議論であるように感じます。

そんな西のローマ字化論の内実に分け入っていくためにも、彼の議論を当時の文脈のうちに位置づけて考察してみたいと思います。そこで本章が着目したいのが、『明六雑誌』創刊の前年に刊行された森有礼の *Education in Japan* における英語採用論とこれに対する馬場辰猪の反論です。両者との比較を通じて、西周による国語・国字改正論の意図やその背景となっている彼の言語観を探っていきましょう。

森有礼はその序文において、西洋の列強のなかで日本がその独立を貫くためには、「欠陥」も多く、国際的ではないがゆえに、将来は使用されなくなるであろう日本語ではなく、英語を習得すべきだと主張しました[2]。このようなある種の暴論に反論すべく、馬場辰猪は英語による日本語文法書を執筆することになりました。馬場の反論をここで逐一検討する余裕はありませんが、その核にある態度として、まずもって日本語が「知的思考及び表現の手段として完全か不完全か」を吟味し、日本語においてもはっきりとした文法構造が備わっていると明らかにすることだったと指摘できます[3]。

この両者と西周の議論を比較してみましょう。一方で、馬場のこのような姿勢は、基本的に西にも当てはまると言えます。というのも、西は森に代表されるような日本語廃止論者ではなく、欧化主義者でもなかったからです。実際、西は

「洋字ヲ以テ…」において「遂に英語若くは佛語を用ひしむに若かず」という主張に対して「僕謂ふに然らず」[4]と答えています。その理由として西は、「蓋人民の言語天性に基づく、風土寒熱人種の源由相合して…」[5]と述べています。この「天性」が何を意味しているかについて詳述しないためやや曖昧ではありますが、言語をその話者（人民）の本性の如きものと捉え、同時に寒暖などの風土を考慮に入れているのは一考に値するでしょう。さらに、西は利便性等々の点から国字のローマ字化を推奨したものの、「天性の言語を廃し他の言語を用ひんと欲するの蔽《へい》殷鑒《いんかん》的然たる者に非ず乎」[6]と日本語の廃止という極論にはその弊害を指摘し、安易な西洋礼讃に陥らないバランス感覚を有していたと言えます。

とはいえ他方で、西は森と同じ問題意識を抱えていました。それが「言文一致」の希求です。そもそも森が *Education in Japan* を執筆した背景の一つに、この「言文一致」の実現がありました。現代の目から見ると、森の日本語廃止論は行き過ぎた欧化主義の発露、ないし暴論や極論の類いに見えるかもしれません。しかし、亀井秀雄が指摘する通り、こうした常識論には「近代の日本語が既に出来上がっている現状を、自明の前提とした、安易な「母国語」観念が潜んで」[7]はいないでしょうか。当時の日本における言語状況は、話し言葉と書き言葉とが強く乖離しており、文語である雅言と口語である俗語とのいわゆる「雅俗の分離」が残存していました。そのため、文明化が叫ばる当時、国民のリテラシーを高めるためには、より簡易で統一的な言語が求められたというわけです。そこで、いま改めて言文一致した新しい日本語なるものを作り出すよりも、世界言語として流通している英語を採用することの方が得策である――これが森の見解でした。興味深いことに、森はこうした動機からアメリカの言語学者に英語の改良すら提案しています。例えば、speakの過去形は不規則変化であってspokeですが、これをspeakedと規則変化にすること、あるいはphantom [fan-təm]などの綴りと発音の揺れがある語については、fantomと綴りを変更することなどです。

このように、森の国語論には一定の合理性があり、それはなにより言文一致こそ国の教育政策の根幹であるという背景から生まれたものでした。そして、他ならぬ西のローマ字論もこの言文の一致ないし雅俗の分離の調停を狙ったものだったのです。西はローマ字化を推奨せねばならない理由として、「…我の文章なる者言ふ所書する所其法を異にして言ふべきは書すべからず、書すべきは言ふべからず、是亦文章中の愚なる者にして文章中の一大艱険《かんけん》なり」[8]と述べ、言文が不一致であることを批判しています。実際、「洋字ヲ以テ…」に挿入されている図には、ローマ字の文章の上段に「綴字」つまりは書き言葉が示され、下段には「呼法」つまりは話し言葉が付されています[9](図1)。その際、西はローマ字の下部に呼法では読まないことを示す点や音韻が変わることを示す記号を添えることで、雅語と俗言との間の対立を宙吊りにすることを目論んだというわけです。

さて、以上によって西によるローマ字化推奨論の背景を辿ってきました。西は、森有礼と馬場辰猪の狭間で、両者の問題意識を部分的に共有しつつ、議論を展開したと言えるでしょう。つまり、西のローマ字化論は、日本語そのものを捨てる

「・」は読まぬ字の標《しるし》。「〜」は韻字[1]、韻の変ずるもの。上の仮名は綴字。下の仮名は呼法。「――」は目的に出す語。

く・し・きの詞[2]、質言[3]

イカサマ　ヲモシロシ　　コレ　ハ　ヨロシシ
ikasama　omosiroṣi　　kore　wa　yorosiṣi
イカサマ　ヲモシロイ　　コレ　ハ　ヨロシイ

ヲモシロキ　コト　　ウツクシキ　ハナ
omosiroḳi　koto　　utskusiḳi　hana
ヲモシロイ　コト　　ウツクシイ　ハナ

アツク　ナル　　サムク　ナル
atuḳu　naru　　samuḳu　naru
アツウ　ナル　　サムウ　ナル

終の二例は京の呼法なり。江戸の呼法は字のままなり。

実辞[4]そのほかを形容語に用うるとき

キタイ ナル　ヒト　　フシギ ナル　コト
kitai - naṛụ　hito　　fusigi - naṛụ　koto
キタイ ナ　ヒト　　フシギ ナ　コト

ここのナルはニアルの約にて、副言[5]・働言[6]の重なるものなれば、しばらく先天[7]と定む。

代言[8]

カレ　イヅレ　イヅコ
ḳare　ịdure　ịduko
アレ　ドレ　ドコ

続言[9]

コレ　ニテ　ヨシ　　ソレ　ニテモ　ヨシ
kore　ṇịte　yoṣi　　sore　ṇịtemo　yoṣi
コレ　デ　ヨイ　　ソレ　デモ　ヨイ

働言

イマ　キカム　ユワム　　ユメ　ヲ　ミタリ　イマ　イキツ
ima　kikam　yuwam　　yume　vo　mitaṛị　ima　ikitu
イマ　キカウ　ユワウ　　ユメ　ヲ　ミタ　イマ　イッタ

キルル　モユル
kiruru　moyuru
キレル　モエル

この類、極めて多し。

ナニ　ニテモ　カ　ニテモ　ベンキヨウ　ヲ　セズ　バ　ナルマジ
Nani　ṇịtemo　ka　ṇịtemo　benkiyau　vo　sezu　ba　narumaẓị
ナニ　デモ　カ　デモ　勉 強　ヲ　セズ　バ　ナルマイ

1）**韻字**　音韻の変化する語。2）**く・し・きの詞**　語尾にく・し・きが付く形容詞。3）**質言**　形容詞。4）**実辞**　名詞のこと。5）**副言**　副詞。6）**働言**　動詞。7）**先天**　アプリオリ。a priori. 8）**代言**　代名詞。9）**続言**　接続助詞。

図1
山室信一・中野目徹校注『明六雑誌（上）』
（岩波文庫、1999年、43-44頁）を参照。

ことはしないものの、言文一致し、より簡易で効率的な国語表記を追求した結果生み出されたものだったというわけです。

3　音への着目

とはいえ、西がその後も一貫して国字のローマ字化を推していたのかというと、そうではありません。実は西自身によるローマ字での公刊物すらないのです。西は早々にローマ字への希望を捨ててしまったかのようにみえます。彼の国語についての態度は場当たり的なものだったのでしょうか。この問題を考えるにあたっては、「洋字ヲ以テ…」の四年ほど前、一八七〇年頃に執筆したとみられる『ことばのいしずゑ』がヒントを与えてくれるように思われます。公刊されなかったものの、明治に入って初の日本語文法書とも言えるこの本は、「こゑをつみて　ことばとなし　ことばをつみて　はなしと　なせるにて、こゑこそ　はなしの　もとなれ」[10]とはじまり、ほぼ全編にわたってひらがなで書かれています。なぜ今更「ひらがな」なのでしょうか。そしてローマ字化論とひらがな文法書との関係はあるのでしょうか。本節では、まさにいま引用した冒頭の一節に注目したいと思います。そこにこそ、西の日本語観の中核が示されていると考えるからです。

この冒頭では、「こゑこそ　はなしの　もと　なれ」と声という「音声」を基礎とする日本語文法の確立が宣言されています。つまり、西にとって重要なのは、あくまで言文一致と雅俗の分離の調停による国語・国字の新設であって、その手段――ローマ字化なのか平仮名なのか――はあくまで手段でしかなかったのでしょう。西が当時の時代状況に応えながら、ローマ字やひらがなといった「表音文字」に活路を見出し、統一的でより簡易な「新しい日本語」を模索していたという点こそが肝要です。西がどの文字種にこだわっていたのかに拘泥してしまうと、彼の大きな言語観がいかなるものだったのかを見失ってしまう危険すらあるように思います。

このように、西の多岐にわたる日本語論も、より簡易な日本語を整備すべく、「音」に着目した言文一致の希求という観点で眺めると一貫したものとして捉えることができるでしょう（表2）。時系列順に追っていくと、一八七〇年に旧藩主の亀井茲監《これみ》に藩校養老館の改革案として提出された『文武学校基本並規則書』では、「五六十年後は全く漢字を廃度義に有之候」〔11〕と早くも漢字廃止の議論が出されています。同年には先ほど取り上げた、『ことばのいしずゑ』が執筆されています。その四年後、一八七四年にはローマ字化論である「洋字ヲ以テ…」が発表されます。また、その年には第一章でも取り上げた『百一新論』が公刊されますが、この本は、「先生には平素より百教一致と言ふ説を御主張なさると承りましたが実に左様でござるか」〔12〕と口語の対話篇になっており、「開化啓蒙体」や「デゴザル体」と言われる、ある種の言文一致体で書かれています。その後、言文一致体の洗練は続き、一八七七年の『経済学』では、「…此の小冊子の中で御前方に斯の事を話そうと思ふのだ」〔13〕と「ダ調」と呼ばれる現代語にかなり近いスタイルにまで変化していきます。

4 「日本語」の模索

これまで、西が当時の時代状況に応えながら、ローマ字やひらがなといった「表音文字」を基盤にしつつ、統一的でより簡易な新しい日本語を模索していたことを見てきました。そうであるならば、第一章で扱ったような、「哲学」をはじめとする漢字による膨大な訳語創出はいかなるものと考えれば良いのでしょうか。つまり、なぜ西は一方で漢字廃止論を著しつつも、他方で漢字での西洋語翻訳（訳語創出）を行ったのでしょうか。これは第一章の末尾でも指摘した問題でした。

この問いについては、二つの答えを与えることができるように思います。一つ目は、言ってしまえば穏当なもの、二つ目は、少し踏み込んだものになります。第一の答えは、西周の言語実践にたしかに確固たる一貫性はないが、対象のレベ

年代	特徴	例文
1870	漢字の廃止	「五六十年後は全く漢字を廃度義に有之候」(『文武学校基本並規則書』)
1870	ひらがな文法	「こゑをつみて　ことばとなし　ことばをつみて　はなしと　なせるにて、こゑこそ　はなしの　もと　なれ」(『ことばのいしずゑ』)
1874	ローマ字化論	—
1874	言文一致体① (「開化啓蒙体」「デゴザル体」)	「先生には平素より百教一致と言ふ説を御主張なさると承りましたが実に左様でござるか」(『百一新論』)
1877	言文一致体②(「ダ調」)	「…此の小冊子の中で御前方に斯の事を話そうと思ふのだ」(『経済学』)

表2

ルに合わせて二つの策を並行して行った結果であり、矛盾というわけではないというものです。すなわち、西は、一方で、翻訳においては、漢文の素養がある知識人層をターゲットに、儒学的知識も動員しながら漢字熟語で翻訳し、概念の輸入と普及を進めたのであり、他方で、漢字廃止論においては、識字率が低い一般市民のリテラシーの底上げを考えた場合、漢字や漢文の知識は足枷になるため、ローマ字・ひらがな論者として論を展開したのだというものです。この回答は、翻訳と漢字廃止論の目的と対象はそれぞれ別のものであり、両者を同じ地平に置く必要はないということを含意しています。言い換えれば、そもそも「なぜ西は一方で漢字廃止論を著しつつも、他方で漢字での西洋語翻訳（訳語創出）を行ったのか」はおかしな問いの立て方だというスタンスだと言えるでしょう。たしかに、このような答えには一定の説得力はあるでしょう。しかし、そもそも西が「言語」というものをどのように考えていたのかについては明らかにできず、西周その人の言語実践には一貫性にかけることを認めてしまう点で「弱い」主張です。

では、第二の答えはどうでしょうか。それは、まずもって、その両者（漢字廃止論と漢字での翻訳）の対立を、漢字対反漢字という単純な図式に置き換えるべきではないというものです。というのも、一方で、西の日本語論はあくまで言文一致体の国語国字設立を目指し、その障害となる雅俗分離の無力化を狙ったものでした。そして他方で、彼の訳語創出は単なる漢語への変換作業ではまったくなく、儒学との混同を避けた「義訳」に力を入れていたことを思い出してください。そうであるならば、西が常に追い求めていたのは、音写でも儒学的言語でもなく、西洋語のニュアンスを柔軟に取り入れつつ、言文一致という時代の要請をも満たすような新しい「日本語」であったと見做せないでしょうか。

したがって、西周による言語にかんする理解とその実践は、西洋の学問と中国由来の儒学のそれぞれの独自性を認め、ひらがな・ローマ字・漢字という三つの文字のあいだで揺らぎ、格闘しながら新しい「日本語」を模索する一貫した試みだった。これが第二の答えであり、私の見解でもあります。この主張の利点は、一見矛盾するかのような西周の言語にかかわる仕事を同じ観点から説明できるということにあります。哲学研究においては、史実やデータに基づくこともちろん重要ですが、ある説明がもつ「うまみ」がいかなるものかを示し、より少ない材料やステップでより多くの問題を説明できるような省エネな議論も魅力的なものとされています。読者のみなさんはどうお考えでしょうか。もしかしたら、より良い第三の答えもあるかもしれません。

5　もう一つの分裂!?

第一章と第二章とで、翻訳と日本語論という西周の二つの言語実践を扱い、そこでの分裂や錯綜に見える態度を一貫して捉える視座はないか考えてきました。本章では、それを新しい「日本語」の創設という観点で考察してみたわけです。

しかしながら、西周に見いだせるある種の分裂はまだ存在しています。というのも、西その人は実証主義および功利主義に立脚しつつ、自由主義を唱える思想家として活躍した反面、兵部省の官僚として山県有朋の元、軍制の整備にも尽力したからです。なかでもとりわけ評判の悪い仕事として、「軍人勅諭」の起草があります。このために、とりわけ戦後、西は軍国主義の萌芽として批判されるに至ります。しかし、実際の「軍人勅諭」は、西の手を離れた後、いくつかの加筆や修正が加えられています。当時の政治的・軍事的状況を踏まえ、西による草稿と実際の条文の比較検討などを行い、法・軍事思想家としての西の立ち位置を改めて見直し、彼がいかに現実と向き合い、思考したかに迫りたいと思います。西は単なる軍国主義のイデオローグだったのでしょうか、それとも啓蒙的な自由主義者だったのでしょうか、あるいはそのどちらでもなかったのか。これが次章の問いとなります。

［1］大久保利謙編『西周全集』（第二巻、五七三頁）

［2］Arinori Mori, *Education in Japan. A Series of letters, Adressed by Prominent Americans to Arinori Mori* (New York : D. Appleton, 1873, p. 56.)

［3］Tatui Baba, *An elementary grammar of the Japanese language, with easy progressive exercises* (London: Trübner and co., 1873, Preface.)

［4］大久保利謙編『西周全集』（第二巻、五七二頁）

［5］同右

［6］同右

［7］亀井秀雄『日本人の「翻訳」言語資本の形成をめぐって』（岩波書店、二〇一四年、六七頁）

［8］大久保利謙編『西周全集』（第二巻、五七一頁）
［9］大久保利謙編『西周全集』（第二巻、五七五頁）
［10］大久保利謙編『西周全集』（第二巻、六〇〇頁）
［11］大久保利謙編『西周全集』（第二巻、四九一頁）
［12］大久保利謙編『西周全集』（第一巻、二三二頁）
［13］大久保利謙編『西周全集』（第二巻、三九八頁）

第3章

秩序の生成へ

「天皇や皇族が被告となった場合の裁判手続きについて定めておくべきだ。」当時こんなことを本気で考え、法的に整備しようとした者はおそらく西周以外にはいないでしょう。のちに軍国主義の端緒として批判される悪名高き「軍人勅諭」は、たしかに西が起草したものです。しかし、その草稿は西の手を離れた後、いくつかの加筆や修正が加えられることになります。「軍人訓戒」や「軍人勅諭」などのドキュメントの変遷を追うことで、決して軍国主義的ではない、西の軍事社会論のユニークな特徴を捉え直し、改めて西を秩序を希求した法思想家として提示すること。これが本章の目標です。

1　官僚か、思想家か

西周は、明六社の主要メンバーとして、また「哲学」をはじめとした西洋語の翻訳者としての活躍が評価され、現在でも高校の日本史の教科書にも名前が載っています。とはいえ、本書の冒頭で少し紹介した通り、彼が生きていた当時、さらに戦後においても、その振る舞いをめぐっては批判があったことも事実です。西は当時、J・S・ミルやオーギュスト・コントらの思想を踏まえた学者的知識人として活動しながら、天皇を中心とした富国強兵政策を推し進めようとする新政府の陸軍や参謀本部の官僚として働いていました。そんな西の態度や立場は、「洋学者は私立すべし」という考えをもっていた福澤諭吉から批判されました。また、戦後においては、福澤を主人公の如き存在として明治初期の知識人たちを位置づけるようなムードも相まって、西は一人の思想家として「福澤と較べては群小」〔1〕という判定さえ下されてきました。ちなみにこう評したのは、日本政治思想史が専門の植手通有で、なんとこれは中央公論社の『日本の名著』シリーズの西周の巻の解説部分であるから、なかなかの驚きです。

加えて、「海陸軍戒律」、「軍人訓戒」、「軍人勅諭」、「戒厳条令」、「徴兵告諭」、「営役令」、「上隣邦兵備略表」、「出師上諭」、「兵家徳行」、「兵賦論」、「朝鮮征討總督へ

の勅語草案」、「軍刑法草案批評」、「軍律草稿批評」、「陸軍定額減却に付意見草案」、「騎兵護衛の解除を乞う上奏文案」などなど、西は多くの軍事論や法規の起草に携わりました。とりわけ、西が起草した「軍人勅諭」はその後の軍国主義のバックボーンないし萌芽と見做され、それを作り出した西が批判されることもありました。

もちろん、批判は学問の根本にかかわるものであり、一般にそこで扱われている事柄が重要であるがゆえに批判は提出されるわけですから、西への批判があること自体は問題ではありません。しかし、その内容を見てみると、西の官僚としての側面に負の印象がつきまとっており、それが彼に対する否定的な評価につながっていると言えそうです。そこで本章では、いま挙げた批判があたっているのかを含め、広い意味での「官職」に就いていた西がどのような理想をもち、いかに現実と向き合いながら職務を果たしていたのかを探りたいと思います。

以下では、まず、明六社メンバーらによる「学者職分論争」と西の自己言及を手がかりに、彼が自らの仕事にかんしていかなる認識を有していたのかを探ります。次いで、未だ根深い「軍国主義の端緒」という批判を吟味すべく、「軍人勅諭」や「軍人訓戒」の草稿と実際の条文を比較しながら、軍部官僚としての仕事から垣間見える西の思想や意図に迫りたいと思います。最後に、西の軍事社会論の中身を検討することで、旧来のイメージを刷新し、穏当で風通しの良い組織運営や秩序＝「法」による統治の確立を目指した法思想家としての姿を示すことを目標にします。

2　学者職分論争

学者職分論争は、福澤諭吉「学者の職分を論ず」（『学問のすゝめ』第四編）への反応として、『明六雑誌』第二号（一八七四年）にて展開されたものです。その論考のなかで、福澤は、大きく次の二点を主張します。第一に、明治になったにもかかわらず、封建制は続き、社会は旧士族中心のままである。今や、こうした官尊民卑の図式を打破し、政府に頼らない市民社会を築くべきだということ。第二に、政治と学問は各自の分野で独立して、車の両輪のごとくあるべき（そして私、福澤は自らその実践者である）ということです。こうした主張は、名指しこそされてはいないものの、文部省ならびに兵部省に出仕しつつ、哲学分野の書物を著していた西周らの振る舞いに対する批判と見做すことができるでしょう。

では、こうした福澤の議論に対して、他の明六社メンバーはどう応答したのでしょうか。論考の著者名とそのタイトルを挙げると、加藤弘之「福沢先生の論に答う」、森有礼「学者職分論の評」、津田真道「学者職分論の評」、西周「非学者職分論」となっています。論題のみ見ると、最後に挙げた西がもっとも福澤の論に批判的な印象を受けます。では、その中身はどのようなものだったのでしょうか。福澤の「学者の職分を論ず」と西の「非学者職分論」との突き合わせることで、なにがみえてくるでしょうか。

西周「非学者職分論」のポイントは、私の見る限り、以下の二つにあります。まず第一に、「洋学者は私立すべし」という福澤の主張に対しては、個人的には肯定したいという立場を採っていることです。西は「今いまだに、にわかに決然冠を掛る能わずといえども、早晩まさに驥尾《きび》に附かんとす」〔2〕と、今すぐに官僚の職を辞めることはできないけれども、いずれは官の仕事を辞めて独立し、「私」の領域で活動している福澤を見習って行動したいと言っています。

そして第二のポイントは、福澤のそれぞれのテーゼ（独立の危機、愚民の啓蒙、洋学者の私立など）について、真っ向からアンチ・テーゼをぶつけ返すというより、「致知学（ちなみに「致知学」は西の訳語で、logicすなわち今で言う「論理学」を意味します）」を修めた者として、批判的に検討し、その非整合性を指摘するという態度で臨んでいるという点です。つまり、〝個人的な趣向や態度〟と〝議論そのものの整合性〟を、あるいは〝議論の結論そのもの〟と〝結論を導き出す議論の過程〟を区別し、福澤の論を「学者」として批判的に検討しているのです。

その次第を少し具体的にみていきましょう。福澤は、「識者」「疑う者」「この国を蔑視したる外国人」が「独立を失うの患はなかるべしや」「日本の独立は危し」[3]という問いを提示していると紹介しています。そして、それゆえに「事に疑いあらざれば、問のよりて起るべき理なし」と主張します。つまり、日本の独立に疑問をもつ人がいるのだから、実際に日本の独立は危ないのだという推論になっています。「火のないところに煙は立たぬ」といった理屈に似ていますね。西はここに食いつきます。少し長いですが、引用します。

第一、立論の本意、本邦の独立疑うべく危むべきものあるを起本とし、結末、学者私立してこれを維持すべきをもってす。それいわゆる疑うべき危むべきものは、概括の意想より取る。下文論ずるところ気風のごときこれなり。ゆえに一つも事実に本きたるものにあらず。しからばすなわち、独立の上に一点の疑なき能わずと云うものは、きわめて疑似の間に根拠するものにして、この疑似なるものをもって学者をして私立を謀るために概して官を辞せしめんと欲するは、蒸気を化して固堅質となすがごとし。一理なきにはあらずといえども、致知学において詭論には属すべからずや。[4]

福澤は日本の独立が危ういものであるという人々の意見を頼りに議論を進めているが、果たしてそれは信頼できる確固たる事実なのかと西は問います。むしろ、「識者」「疑う者」「この国を蔑視したる外国人」という匿名の人々を持ち出しているだけで、根拠というにはあまりに弱く、「疑似」的なものです。さらに、福澤はこうした疑似的な根拠から、洋学者は官職を辞めて私立するべきだと主張していますが、西によればそれも無理がある主張です。以上をもって、西は、福澤の意見そのものには一理あるとしても、その意見を導出する過程は論理学的には許容できない詭弁であると述べます。西の議論はまさに論理学的な吟味を中心にしており、今日的な意味では西の方が「学者」らしい議論を展開していると言えるでしょう。

3　職務への不満と役割分担

さて、以上で福澤による議論と西のそれへの反応を追ってきました。西のいかにもアカデミシャンな気風があらわれた筆法でした。しかしながら、西がいかなる職業意識を有していたのかについてははっきりしません。これについては、彼が度々もらしていた職務内容への不満から窺い知ることができるかもしれません。第一章で確認した通り、西は幕末にオランダへの留学を果たし、帰国後は徳川慶喜の側近にまでなります。この頃、「議題草案」の提出など重要な仕事も残してはいますが、西にとっては留学で得た知識を十分に活かせる職場ではなかったようです。西は留学仲間で親友の津田真道に宛てた手紙のなかで、「毫《ごう》もポリチーキに相関することなし」と政治の中枢にかかわることができないことに不満を述べています。また、大政奉還後は、徳川家の沼津兵学校の頭取（校長）として迎え入れられるものの、すぐに新政府側へ出仕を命ぜられました。兵部省では山県有朋のブレーンとして活躍した西ですが、あくまで軍事にかんしては要請に応じた仕事と割り切っていたようです。『兵賦論』においては、「局外に在りてその是非得失を弁明するに止まり、強ひてこれを今日に試行あらんことを欲するものに非ず」[5]とあくまで軍事にかんしては非専門家であるという姿勢を崩しませんでしたし、「軍人訓戒」の起草を終えた際、桂太郎に「退官にても相願可申哉と奉存候」と手紙を送るなど度々退官したい旨を表明してはいます。

福澤は、「洋学者は私立すべし」という主張の通り、官職には就かずに私塾を運営し、慶應義塾大学の創始者となりました。しかし、西は結局、大学という高等教育機関と無縁な一官僚に過ぎなかったかと言えば、そうではありません。とりわけ後世にも大きな影響をもたらしたのは、「大学条例」（一八七〇年）の起草でしょう。これにより大学校（のちの東京大学）における国学・漢学に対する洋学の優位が定着し、西洋的な教科区分が用いられ、大学機構の実現へと至りました。さらに、西は生涯で幾度も私塾を開いた人物でもありましたし、役職としては、沼津兵学校の頭取を務めたほか、のちに学士院会長や独逸学協会学校校長を歴任し、東京師範学校で監督者の役割を負ったこともあります。

たしかに、西は福澤のように大学を自ら設立し運営することはありませんでした。しかしながら、西は「裏方」として、つまり制度や法律の面から日本における高等教育の基盤づくりに携わったと言えます。西は「非学者職分論」でこんなことを述べています。「人々所長を異にし、また志趣を異にす。ゆえに均しく洋学者といえども、あるいは政府にありて事を助け、あるいは私立して事を成す。ともに不可なるものはなし。」〔6〕人にはそれぞれ異なった長所がある。ある人は政府の官僚や政治家として学問の発展を整備し、別の人は実際に大学を創って人材を育成する。それで良いじゃないかというわけです。福澤に（おそらくは）ある部分で憧れや羨望をもちながらも、自らの強みを活かして、官の立場で職務を全うした西の偽りのない言葉だと思います。

これまでの議論を簡単にまとめておきましょう。西周に対する批判の根底には、どうやら官僚という立場やそこでの振る舞いがありそうでした。そこで、本節では、西に対する同時代人の福澤による批判と西の反論を取り上げ、西がいかなる思いで官の側で働いていたのかを見てきたわけです。次節では、後の時代に批判的に言及されることの多い、軍事にかかわる仕事に分け入ってみたいと思います。果たして、西は単なる軍国主義のイデオローグだったのでしょうか。

4 消された草案

本節からはいよいよ西周の軍事論を主題にしていきます。ここでは「軍人訓戒」および「軍人勅諭」の起草や「兵家徳行」などの軍事社会論の内実を取り上げていきたいと思います。それぞれのドキュメントの紹介をしておきましょう。「軍人訓戒」（一八七八年）は西が起草し、陸軍卿山県有朋の名で発布されました。忠実・勇敢・服従などの軍人が守るべき精神など、十八カ条の説明があります。「軍人勅諭」（一八八二年）は「軍人訓戒」を元に、これまた西周が起草したものを福地源一郎・井上毅・山県有朋らが加筆修正したものです。「勅」とあるように、形式的には明治天皇より陸軍卿大山巖、海軍卿河村純義に下賜するというかたちをとっています。「兵家徳行」（一八七八年）は将校クラブでの講演が元となっており、軍人社会のモラルや規律を説いているのが特徴です。

とりわけ「軍人勅諭」は、その後陸軍では暗唱が求められるなどし、天皇への絶対忠誠を強く求めるものとして、戦後厳しく批判されるに至ります。しかし、のちの昭和におきたような、天皇を神聖不可侵とするような軍人社会は、果たして西が意図したところのものであったのでしょうか。これより西の軍事論を紐解いていきますが、前述の通り、あくまでそれは要請に応じた仕事という位置づけでした。それゆえ、西はなぜそんな仕事をなさねばならなかったのかという背景と、西が積極的にしたかった仕事とはなんであったのかという意図に着目していきたいと思います。

まずは、新政府が「軍人訓戒」や「軍人勅諭」などを作らねばならなかった背景を探っていきましょう。その発端となったのが、西南戦争（一八七七年）と竹橋騒動（一八七八年）です。西南戦争はご存知の通り、西郷隆盛を首領とした不平士族の反乱であり、竹橋騒動はその鎮圧をした兵士による恩賞不足を理由とした暴動です。西南戦争は、徴兵令による兵士を用いた最初の本格的な戦闘だったと言われます。優れた装備と圧倒的な軍勢による新政府軍が勝利をおさめましたが、まだ出来たばかりの軍隊においては、指揮命令系統に不整備があり、軍律違反や現場の混乱などが度々起こりました。

そもそも、当時西郷は既に明治六年の政変により下野していました。西南戦争を起こしたのは主に旧薩摩藩士が中心でしたが、カリスマ性をもった西郷に惹かれて、天皇の護衛をすべき近衛兵すら西郷に付き従って鹿児島へと帰郷する者すらいたのです。つまり、西南戦争は西郷隆盛という一人の私人に仕える軍隊による内乱であり、政府直属の軍隊である近衛兵の一部が法や国家ではなく、西郷との私的な関係を優先するに至った事態とも言えるわけです。

近代的な国家および軍隊を整備しようとしていた新政府にとって、西南戦争は軍規の確立が課題として露呈した契機になったと言えるでしょう。それが急を要する重要な課題として否応なく突きつけられることになったのが、翌年に起きた竹橋騒動です。竹橋に配備されていた近衛砲兵大隊の約二六〇名が恩賞や昇給を求めて蜂起し、大隊長らを殺害したほか、当時の大蔵卿大隈重信の公邸に銃撃を加えるなどしました。誤解を恐れずわかりやすく言ってしまえば、命がけで反乱の鎮圧という「奉公」をしたのだから、報酬である「御恩」をもっと寄越せというわけです。しかし、近代国家を目指している新政府としてはこうした古い武家社会的な図式を許容することはできません。国家の軍隊である以上、それは上からの命令には粛々と従う上意下達の組織である必要があり、またその戦闘行為は私有財産を増やしたり分配したりするためのものではないからです。

こうして、西南戦争と竹橋騒動が起きたことにより、軍隊内の秩序を確立し、個々の軍人にそれを周知徹底させることは待ったなしの課題となったわけです。では、軍隊のあり方や軍人が守るべきモラルとはなにか。これを説いたのが「軍人訓戒」や「軍人勅諭」でした。以下では、「軍人訓戒」や「軍人勅諭」の狙いやそこに込められた西周本人の意図を探っていきたいと思います。

「軍人訓戒」や「軍人勅諭」には、軍人の上官への、ひいては天皇への忠誠や天皇による統帥権などが記されています。とりわけ天皇への忠誠や天皇の統帥権は、のちのち昭和の時代に問題となってくる箇所であることは、みなさんも予想がつくことと思います。では、こうした記述は、天皇個人のための軍隊をつくるためだったのでしょうか。実はそうではありませんでした。ここでの意図は、太政官に支配されることのない兵権を確保した上で、軍の法的な身分や規律を定めることにあったと言えます。こう述べると、太政官ではなく、天皇に兵権を集中させてしまうことで、文民統制が失われてしまうように思えます。しかしながら、現実問題として、国民皆兵の制度が整う以前には政府は固有の軍隊を持っておらず、太政官参議である西郷隆盛が実質的には兵権を掌握し、政治力を強めていました。まさに西南戦争こそ、元参議の西郷隆盛による軍隊が作り出されるという悪夢だったわけです。「軍人勅諭」の統帥権は、こうした現実の問題に対応するための一手段であり、服従や忠節の記述は国家の軍隊の兵士としての有り様を説くために必要であったのです。

では、西は上官への有無を言わさぬ服従や天皇への絶対忠誠のみを意図していたのかといえば、そうではありません。これを示すために、統帥権と異議申し立て権という二つの記述項目について、西による草稿と実際に発布された条文を比較してみたいと思います[7]。この作業によって、軍国主義の萌芽としての西周という旧来の図式がいかに歪んでいるかも明らかになるように思います。

まず、天皇による統帥権についてです。実際の「軍人勅諭」においては、(a)

「夫兵馬の大権は朕が統ぶる所なれば」や（b）「朕は汝等軍人の大元帥なるぞ」という記述になっています。しかし、西による「勅諭稿」において対応する箇所では、（a'）「夫れ兵馬の大権は行政の大権と相終始して」[8]や（b'）「国法上に於ては朕我が帝国日本海陸軍の大元帥として」[9]となっています（傍点は本書筆者による）。一目瞭然ですが、西の草稿にはあった「行政の大権」および「国法上に於ては」という文言が消されていることがわかります。つまり、西が起草した時点では、天皇はあくまで国法上定められた限りで、兵権を行政権として握るという構図になっており、天皇を中心とする行政部による軍のコントロールが目指されていたわけです。さらに西は「憲法草案」において「天皇若くは皇族を被告とする訴訟は大審院に出願す」[10]と記しており、天皇は神聖不可侵の存在ではなく、あくまで行政部の長という扱いであり、司法府や立法府からも抑制を受けうる三権分立を構想していました。当時を考えればかなり進歩的な西の構想は、残念ながら日の目を見ることはありませんでした。

続いて、異議申し立て権についてみていきましょう。西による「軍人訓戒関係稿本」では、「誠に利害得失の判然たる事、若くは脅迫圧制の直に堪ゆ可らざる事に於てのみ軍秩の順序を歴てこれを建白し、これを嘆願することを得る」[11]とあります。しかしながら、実際の「軍人訓戒」では、「これは唯其仕向けの非理なると思ふ事に限る。固より其事柄の利害得失を目的とする訴えに非ず。且つ苦情を訴へんと思ふ前には其事を百方鎮思勘弁して、自己の過慮には無きや又意味の取り違へにては無きやと熟考すべし」という文言が追加されるに至ります。当初の草稿では、「誠に利害得失の判然たる事」と利害の得失が判断の基準として挙げられているにもかかわらず、追加された条文には「固より其事柄の利害得失を目的とする訴えに非ず」と真逆のことが言われています。さらには、本当に異議申し立てすべきか「百方鎮思勘弁」し、「自己の過慮」ではないか、はたまた「意味の取り違へ」ではないか「熟考すべし」とくどいくらいに書かれており、これでは実際には異議申し立てなどできないとほのめかす条件も加えられてしまっています。少し想像してみてください。異議申し立てをしようとすると、上官から「なんだと？　お前はそれ、ほんとによく考えたのか？　よくよく考えたか？　お前の考え過ぎじゃないのか？　勘違いじゃないのか？　ああん？」と言われるわけです。そう思うと胃がキリキリしてきませんか。正直、異議申し立てがすんなりと進むとは考えづらいですよね。西の草稿においても、上官の命令には従うべしという「従命」規定はあるものの、一旦従ったあとには異議申し立てが十分に可能となっており、風通しの良い組織づくりを目指していたと推察できます。

5　軍人のエートス

以上で、西がいかなる背景の元、どのような意図をもって「軍人訓戒」や「軍人勅諭」を起草していたのかをみてきました。また、統帥権や異議申し立てなどの記述から、西が単に国体論的なイデオロギーの構築を目指していたわけではないことも明らかになったのではないでしょうか。しかしながら、西の軍事論は専ら軍人社会のみを論じたものではありません。本節では、軍人社会論と平常社会論という二つの議論の関係に焦点を当ててみたいと思います[12]。

そもそも西は軍隊をいかなるものと捉えていたのでしょうか。西は「兵家徳行」において「（軍人は）今日の政治に於ては常道と相反し、平常社会と正しく相表裏する者なり」[13]と軍人を特殊なものと捉えた上で、平常社会とパラレルな関係にあると考えていました。西によれば、軍人と人民はそれぞれ異なるエートス（ここでは、基底となる精神や行動規範のこと）を有する対称的な存在として位置づけられるものです。曰く、軍人のエートスは「忠良易直」、すなわち「忠とまめに良とおとなしく易とすらりとして、直とすなおなることそ我日本同胞の性習」や「敷島の　大和心を　人問はば　朝日に匂う　山桜花」（本居宣長）であり、それに対して、人民のエートスは「民権家風、状師家（法律の専門家）風、貨殖家（蓄財に励む者）風」です。興味深いことに、西は、軍人が避けるべき気風として、この「民権家風、状師家風、貨殖家風」を挙げていますが、反対に、「国民気風論」においては本居宣長の歌を排斥すべき気風と指摘し、『人世三宝説』では国民がマメ・チエ・トミ（健康・知識・富有）と呼ばれる三宝を積極的に増やし、政府もそれを守ることが役割であると主張しています。こうした対称的な構図からも、軍人社会論と平常社会論とが一組の論考として構想されており、むしろ平常社会論を前提にして、特殊な軍事論を構築しようとしたと言えるでしょう。西は、「兵は兇器、戦は危事にして逆道以てこれを行ふ者」[14]と考えており、常道である平常社会を維持した上でいかに軍隊をコントロールするかを課題としていたのです。

そんな軍人が守るべきモラルは具体的にはどう定められるのでしょうか。「兵家徳行」と呼ばれるテクストを軸にまとめてみましょう。これはそのタイトルにあるように、兵士の道徳を論じてはいますが、メインに据えられたのは「節制」という概念であり、「徳行」はあくまで補足的なものと位置づけられているのが特徴です。興味深いことに、西によれば、「節制」とはmechanism（器械仕掛け）の訳語であると言われていることです。ここでの文脈に置き直せば、①武器自体が器械仕掛けになり高度化しており、②規則と操練により軍隊を器械仕掛けのように動かすということになります。西は、徳よりもこのメカニズムたる節制を強調することで、前近代的な一騎打ちなどの「徳行」による戦闘ではなく、近代の集団戦闘をする際には「節制」の技術が必要であると主張しています。もちろん、当時から「節制」には、控えめであるなどの意味はありました。しかし、それを知っていた上で敢えてこの言葉を使ったのは、制度やルールの問題に焦点を合わせようとした西の戦略的な選択かもしれません。

とはいえ、西も「節制」だけで事足りるとは考えておらず、「徳行」にも言及しています。そこで言及される主な「徳行」に「率先の徳行」があります。おもしろいことに、あくまで「率先の徳行」は将校のための徳行であり、兵卒に対しては、「オベアデンス、即ち従命法」が重要としています（既に見たように、これを補足するかたちで、異議申し立て権を併記していました）。また、「勅諭稿」には「軍人第一の精神は秩序を紊《みだ》ることと無きを要す」〔15〕という記述も見受けられます。さらに、別のテクストで西は「道徳の関係はいかなる秀才俊能あるも、いやしくもその躬行《きゅうこう》において欠くる所あれば、人必ず是に服せず」〔16〕と述べており、法治を中心としつつも、その弱い部分を道徳によって補おうとしたのでした。ちなみにここは道徳の意義を法を可能にする力と認識するという点で、荻生徂徠からの影響が指摘されている箇所でもあります。いずれにせよ、西は節制と徳行を「車の両輪、鳥の両翼のごとし」〔17〕と語り、「節制」と「徳行」の二段構えによって、軍隊という特殊な集団において、秩序を形成し、それを維持させることに注力していました。

6　秩序の生成へ

いま見てきたように、西は、「節制」と「徳行」の組み合わせにより、近代的な軍隊において必須である秩序を作り出そうとしていましたが、このような考え方は法と道徳の関係についても当てはまります。西は『百一新論』において、「法で治めると言ふは苛烈な様で却て寛大餘裕《よゆう》ある」〔18〕と法で縛るより道徳で縛る方が自由な領域を狭め、「初手に仁道の善美能好で人を助けようと思ったのが、却て人を悪に入れる」と道徳を過度に強調することに警戒していました。その例として、西は「親の病気といへば糞を嘗め」るようなことがもし強要されるのならば、「人の今日の働きが出来ず、人は皆職業を失」い、「若《も》し親の病気が熱の種類、エピデミイといふ伝染病の種類であったならば、自身も病を引受介抱も何もまままならぬことでござる」〔19〕と言います。別の箇所では、「法律など細かに極めた所が其れは唯藤蔓で町間を測るよりはまだ麁《あら》い」〔20〕とやや分かりづらい表現ではありますが、法律は最低限のもののみを要求すべきと見做していました。つまり、道徳がゼロでは困るが、最低限の法を制定し、それによって適切な秩序が生まれることを期待する。これこそ、軍人社会であれ平常社会であれ、西による法と道徳による秩序の生成にかんする見解だったのです。

さて、以上で西の法・軍事論の概要を抑えたつもりです。本章の冒頭で提示した問いにこたえて終えることにしましょう。まず、西は単なる軍国主義のイデオローグであったのでしょうか。答えは否でしょう。たしかに、西は天皇を中心とする軍隊の整備を担いましたが、西自身は、兵権は法律によって規定された限りでの行政権の発動という構図で考えており、訴訟の手続きを内外に盛り込むことで、軍の暴走をなくそうと試みていたからです。その上で、西が法・軍事論において積極的に果たしたかったこととはなにかと言えば、軍事社会と平常社会をパラレルに捉えつつも、両者をきちんと峻別することでした。こうした社会の捉え方は、国体論に基づいて、軍事社会と平常社会を一緒くたにする、あるいは前者を後者よりも優位に置く強権的な組織論とは趣を異にします。その上で、軍事社会である軍隊を、道徳を端緒としつつ、構成員が理性的に判断し、秩序が自発的に構成されていく集団と考え、最低限の道徳を確保しながら、法による秩序が形成されること。こうしたことこそ、西がなしえたかった課題だったと言えます。

7 西周に責任はあるか

本章では、当時の文脈や西周個人の思想に焦点を当てきれていないために起こるアナクロニズムを避け、改めて彼の仕事の意図を問うてきました。その上で、いま西の政治的・道徳的責任を考えるとしたら、どうなるでしょうか。正直なところ、これは私にとってもまだ整理が完全にはついていない問題です。とはいえ、その際には、以下の三つのポイントは踏まえられるべきだろうと考えます。

まず第一に、微妙な時代状況です。ご存知の通り、明治以降、日本は帝国主義を推し進め、対外戦争や植民地化を行っていきます。とはいえ、新政府初の外征である台湾出兵（一八七四年）、そして日清戦争（一八九四年）の頃には既に西は引退していています。西が活動していた時期は対外戦争など現実的なものでなく、さらに西本人は「兵賦論」において侵略主義を否定すらしています[21]。第二に、当時の官僚制のあり方という問題です。官僚の戦争責任というと、やはりアーレントが論じたアイヒマンが想起されます。たしかに西も幕臣や新政府の官僚として、巨大な組織体制のなかで働きましたが、特定の人物のブレーンとして動くことが多く、私塾や明六社など個人での思想・執筆活動も多い人物でした。それゆえ、いわゆる取り替えのきく歯車的な官僚ではなかったことには留意してよいでしょう。誤解のないように付け加えると、だから西には官僚としての責任はないと性急に言いたいのではなく、アーレントの分析法とは別の角度や視点から検討する必要があるということです。そして第三に、平和主義的進歩史観です。西は「末広の寿」という随筆のなかで、「…人の世はいや開けに開け、いや盛りに盛になりて、彌末にて、カント氏のいへるパシス・エーテルナリス、又ハルモニア・エーテルてふごとく、悠久治休、無疆和平の域に昇ること疑なし」[22]とドイツの哲学者イマニュエル・カントの『永遠平和のために』の内容に言及し、永遠平和をやがては到達するはずの目標として掲げています。西がこのような漸進的にではあれ、永遠平和が確立されることを夢見ていたことはあまり知られていないでしょう。こうした諸要素を踏まえた上で、西周の功罪を一つ一つ検討していくこと。これが明治維新から一五〇年経ったいま、現代の私たちに残された課題だと思います。

［1］植手通有「明治啓蒙思想の形成とその脆弱性」（『日本の名著34　西周／加藤弘之』、二五頁）
［2］大久保利謙編『西周全集』（第三巻、二三九頁）
［3］山室信一・中野目徹（校注）『明六雑誌（上）』（岩波書店、一九九九年、八四頁）
［4］大久保利謙編『西周全集』（第三巻、二三六頁）
［5］大久保利謙編『西周全集』（第三巻、二〇頁）
［6］大久保利謙編『西周全集』（第三巻、二三九頁）
［7］「軍人訓戒」および「軍人勅諭」の原文は由井正臣・吉田裕・藤原彰『日本近代思想大系　軍隊　兵士』（岩波書店、一九八九年）を参照。
［8］大久保利謙編『西周全集』（第三巻、一一〇頁）
［9］同右
［10］大久保利謙編『西周全集』（第二巻、二三五頁）
［11］大久保利謙編『西周全集』（第三巻、一一六頁）
［12］西の法・政治思想のうちに、軍人社会論と平常社会論の並行関係を見出す読み

筋は、以下の研究に多くを負っている。菅原光『西周の政治思想――規律・功利・信』（ぺりかん社、二〇〇九年、第1章および第2章）。
〔13〕大久保利謙編『西周全集』（第三巻、八頁）
〔14〕大久保利謙編『西周全集』（第三巻、一一四頁）
〔15〕大久保利謙編『西周全集』（第三巻、一一一頁）
〔16〕大久保利謙編『西周全集』（第二巻、五一七頁）
〔17〕大久保利謙編『西周全集』（第三巻、六頁）
〔18〕大久保利謙編『西周全集』（第一巻、二六九頁）
〔19〕同右
〔20〕大久保利謙編『西周全集』（第一巻、二八一頁）
〔21〕大久保利謙編『西周全集』（第三巻、三九―四三頁）
〔22〕大久保利謙編『明治文学全集3　明治啓蒙思想集』（筑摩書房、一九六七年、三二―三三頁）。この点については、苅部直『「維新革命」への道：「文明」を求めた十九世紀日本』（新潮社、二〇一七年、九〇―九二頁）を参照。

おわりに

本書は、ＧＡＣＣＯＨ×よはく舎のコラボ企画「やっぱり知りたい！　西周」（一度目の開催が都内にて二〇一七年九月から十一月、二度目が京都にて二〇一八年二月）での講義が元となっています。講義は全三回で、その内容は概ね本書のそれぞれ第一章から第三章に対応しています。ちなみに、第一章および第二章の内容は、参考文献でも挙げた拙論文を噛み砕いたものです。講義では両会場ともに大変多くの熱心な参加者の方々に恵まれました。会場でいただいた質問の数々は、本書にも活かされています。この場を借りて改めて感謝の意を示したいと思います。

この小著ができるに至った来歴について、簡単に触れたいと思います。私は二〇一六年の春から二〇一八年の夏まで、西周の出身地である島根県津和野町に「地域おこし協力隊」として赴任し、二〇一六年の秋頃から本格的に町役場の西周顕彰事業担当として勤務しました。大学院で哲学を専攻していたとはいえ、現代のフランス哲学が専門だった私は、明治期日本の哲学や思想に精通していたわけではなかったため、地元の郷土史家である山岡浩二さんや島根県立大学西周研究会の先生方からも教えを請いつつ、一から手探りで事業を進めていました。そんなとき、かねてより山本貴光さんが三省堂のウェブサイトにて連載していた企画が、『「百学連環」を読む』（三省堂、二〇一六年）として書籍化されるとの知らせを聞き、刊行記念のトークイベントを一緒にできないかと持ちかけました。まだ会ったこともない私の申し出を山本さんが快諾してくださったお蔭で実現したのが、津和野町東京事務所にて開催されたトークイベント「知は巡る、知を巡る――西周とまわる学術の旅――」です。このイベントを皮切りに、西周についてお話させていただく機会も増え、GACCOH×よはく舎の講義にも繋がりました。

日本の社会、いや大学においてさえ、哲学をはじめとした人文系基礎学問への風当たりは日に日に強くなってきています。なぜアジアの島国である日本で、古代ギリシアで生まれた哲学なるものを研究する必要があるのか？　なぜ日本語で学問を研究しなくてはならないのか？　哲学とは？　日本語とは？　研究とは？　大学とは？　こうした問いに、もう一度真正面から向き合う時期に来ているのかもしれません。そしてその際、「哲学」をはじめとして膨大な学問用語を翻訳し、西洋諸学を日本へと導入した立役者とも言うべき西周にまで遡る必要があるのではないか。彼がどのような時代状況で学問に向き合ったのかを知ることは、現在の私たちの知的状況を考え直すヒントになるかもしれない。津和野にいた二年半は、そんな思いに駆られながら、西周のテクストや彼にかんする研究文献にかじりつく日々でした。

元となった講義を準備する際、限られた時間のなかで、どうすれば西周の魅力を伝えることができるだろうかと随分悩んだものです。幕末から明治にかけての思想史研究や西周の生涯を追った評伝は既にあるため、西の思想活動を伝記的に広く浅く紹介するよりも、西周の思想のダイナミズムを感じることができ、かつ現代の私たちが抱える問題にも通じるような題材を選ぶことに決めました。本書では、広い意味で「言語にかかわる思索と実践」、すなわち、翻訳、日本語論、軍事・法（の起草）をテーマに、西がいかに現実と格闘しながら思索したかに焦点を当てること、そして、一見矛盾しているかにみえる西の活動を架橋し調停する視点を提供することに努めたつもりです。そのため、西の儒学理解やJ・S・ミルらの功利主義思想の受容、宗教論などの論点には詳しく触れることができませんでした。さらに、私自身が西周にかんする狭義での専門家ではない（西周研究で学位を取ったわけではない）ということもあり、「西周はこう考えていた」と上から知識を伝達させるというよりは、読者とともに西のテクストを読みながら解釈し、そこから問いを浮かび上がらせ、私なりの答えを提示するというスタイルを取りました。こうした試みが成功しているか否かについては読者諸賢の判断を仰ぐほかありません。

津和野に赴任して以来、公私ともに数え切れない方々のお世話になりました。他所者の私をあたたかく受け入れてくださった津和野の人々、大仰な私の事業に賛同してくださった研究者の方々、私の地方移住を応援し見守ってくれた友人や先輩、幾人かの師、家族・親類の皆々。こうした人々の支えがなければ、一書を著すどころか、西周の研究に着手することすらできなかったでしょう。

原稿が出来上がった段階で、太田知也氏（NPO法人 bootopia/ Rhetorica）、菅原光先生（専修大学）、杉山亮氏（首都大学東京大学院）に読んでもらい、多くの有益なコメントをいただきました。本書が少しでも読みやすいものになっているとすれば、これらの方々のお陰です。もちろん、本書の記述にかんする一切の責任が筆者にあることは言うまでもありません。

講義の主催者であるＧＡＣＣＯＨの太田陽博さんには、東京と京都でのダブル開催の実現や西周の思想や来歴を汲み取った素晴らしいポスターの作成などで大変お世話になりました。また、講義企画から書籍化まで一貫してサポートしてくださったのは、編集者の小林えみさんでした。一部の人から「鬼編集者」と敬意と愛情、そして恐怖を込めて呼ばれることのある小林さんですが、何の実績もない若手の私に声をかけてくださり、最後まで親身になって執筆を応援してくださいました。最後になりましたが、お二人に改めて御礼申し上げます。

本書を今は亡き朋友F・Wに捧げます。ともに哲学を学び、有楽町のガード下で飲み交わした日々を思い出しながら。

二〇一九年春

参考文献

本書を執筆するにあたって、多くの先達による優れた研究を参照させていただきました。入門書という性格上、逐一注記することはできませんでしたが、ここに記して著者の皆様方に謝意を示したいと思います。

【一次文献】

大久保利謙編『西周全集』全四巻、宗高書房、一九六〇―一九八一年

大久保利謙編『明治文学全集3　明治啓蒙思想集』筑摩書房、一九六七年

山室信一・中野目徹（校注）『明六雑誌』上中下、岩波書店、一九九九、二〇〇八、二〇〇〇年

杉田玄白『解体新書』酒井シヅ訳、講談社、一九九八年

由井正臣・吉田裕・藤原彰『日本近代思想大系　軍隊　兵士』岩波書店、一九八九年

Arinori Mori, *Education in Japan. A Series of letters, Adressed by Prominent Americans to Arinori Mori*, New York : D. Appleton, 1873.

Tatui Baba, *An elementary grammar of the Japanese language, with easy progressive exercises*, London: Trübner and co., 1873.

【二次文献】

イ・ヨンスク『「国語」という思想——近代日本の言語認識』岩波書店、二〇一二年

石井雅巳「翻訳と日本語——西周の言語哲学——」、『北東アジア研究』第29号、島根県立大学北東アジア地域研究センター、二〇一八年、一六九―一八一頁

井上厚史「西周とヘーゲル——「性法」と「利」をめぐる考察——」、『北東アジア研究』第28号、島根県立大学北東アジア地域研究センター、二〇一七年、一三―三一頁

植手通有「明治啓蒙思想の形成とその脆弱性」、『日本の名著34　西周・加藤弘之』中央公論社、一九七二年、五―六六頁

上原麻有子「西周の哲学——翻訳的探究を経て新たな知の想像へ」、藤田正勝編『思想間の対話　東アジアにおける哲学の受容と展開』法政大学出版局、二〇一五年、一五三―一七二頁

大久保健晴『近代日本の政治構想とオランダ』東京大学出版会、二〇一〇年

大久保利謙「西周の軍部論——明治軍部成立の思想的裏づ

け」、『大久保利謙歴史著作集〈6〉』吉川弘文館、一九八八年
加藤信朗『ギリシア哲学史』東京大学出版会、一九九六年
亀井孝・大藤時彦・山田俊雄編『日本語の歴史6　新しい国語の歩み』平凡社、二〇〇七年
亀井秀雄『日本人の「翻訳」言語資本の形成をめぐって』岩波書店、二〇一四年
苅部直『「維新革命」への道：「文明」を求めた十九世紀日本』新潮社、二〇一七年
菅野覚明『武士道の逆襲』講談社、二〇〇四年
小玉齊夫「西周と「哲学」・粗描」、『論集』10、駒澤大学、一九七九年、三七—五二頁
小林秀雄『新装版　考えるヒント2』文藝春秋、二〇〇七年
子安宣邦『漢字論：不可避の他者』岩波書店、二〇〇三年
斎藤信治『改訂増補　哲学初歩』東京創元社、一九六〇年
齋藤毅『明治のことば　文明開化と日本語』講談社、二〇〇五年
島根県立大学西周研究会編『西周と日本の近代』ぺりかん社、二〇〇五年
清水多吉『西周――兵馬の権はいずこにありや』ミネルヴァ書房、二〇一〇年
菅原光『西周の政治思想――規律・功利・信』ぺりかん社、二〇〇九年
手島邦夫「西周の訳語の定着とその要因」、『国語学会2001年度春季大会要旨集』、日本語学会、二〇〇一年、五四—六一頁
飛田良文編『国語論究　第11集　言文一致運動』明治書院、二〇〇四年
方光鋭「明治期における国語国字問題と日本人の漢学観」、『言葉と文化』10、名古屋大学大学院国際言語文化研究科日本言語文化専攻、二〇〇九年、一八一—一九六頁
仁平純「兵語としての口語及文章語に就て」、『軍事界』第三号、一九〇二年
蓮沼啓介『西周に於ける哲学の成立』有斐閣、一九八七年
蓮沼啓介「西周の日本語論」、『神戸法学年報』第25号、二〇〇九年、一三三—一七八頁
蓮沼啓介「西周の国学批判」、『神戸法學雜誌』59（1）、二〇〇九年、一—五五頁
服部隆『明治期における日本語文法研究史』ひつじ書房、二〇一七年

渡部望「西周「非学者職分論」のディスクール批評」、『北東アジア研究』第17号、二〇〇九年、四三―五五頁

もっと西周を知りたい人のためのブックガイド

以下では、本書をきっかけに西周のことをもっと知りたい、学びたいという人のためのブックガイドとなっています。現在入手できる西周のテクストから入門書、本格的な研究論文まで、一歩進んで学びたい人向けにジャンルに分けて紹介しています。

【西周のテクスト】

1　大久保利謙編『西周全集』全四巻、宗高書房、一九六〇―一九八一年
第一巻（一九六〇）：哲学篇／第二巻（一九六一）：法学・政治篇、教育篇、言語・国語篇／第三巻（一九六六）：軍事篇、諸文集、紀行及詩歌、日記及書簡、雑纂／第四巻（一九八一）：百学連環

→本格的に西周について学びたいと思った場合、やはり『西周全集』が必要になるでしょう。しかしながら、第一巻が公刊されてから半世紀以上が経ち、資料の抜け漏れや翻刻のミスなども指摘されています。また、そもそもの発行部数も少なく、古書価格が高騰してしまっています。このような状況を踏まえ、津和野町と島根県立大学が連携協定を結び、新しい全集を準備中です。

2　大久保利謙編『明治文学全集　第3巻　明治啓蒙思想集』筑摩書房、一九六七年

3　山室信一・中野目徹（校注）『明六雑誌』上中下、岩波書店、一九九九、二〇〇八、二〇〇九年

→全集以外で西周のテクストをまとまって読めるものとしては、2が質量ともに優れています。また、西周の重要なテクストの多くは『明六雑誌』に掲載されたものであり、3では行き届いた校注とともに同時代人との論争も一緒に追えることもあってお得です。なお、哲学・思想分野を中心とした、西周の主要テクストを現代語訳にするプロジェクトも進行中です。

【二次文献】

■評伝

4　森鷗外「西周伝」、『鷗外全集』第三巻、岩波書店、一

九七二年

→西周にとって森鴎外は従甥（いとこの息子）にあたります。両家の家も津和野川を挟んでほぼ向かいに位置しており、いまも残されています。明治五年、当時十歳だった鴎外は神田西小川町の西邸に下宿しており、そのときの回想が「磯菜集序」（同全集第三八巻）に書かれています。ちなみにこの「磯菜集」は西周の妻である升子の歌集です。また、鴎外による西周への評価は、在京津和野小学校同窓会における講演録「混沌」（同全集第二六巻）にも登場します。なお、「西周伝」は文語文で書かれているため、敷居が高いと感じる方は以下の現代語訳を取り寄せるのも手だと思います。

「森鴎外「西周伝」現代語訳」大森周太郎訳、『言語文化学会論集』第35号、二〇一〇年、一六三―一八五頁

「森鴎外「西周伝」現代語訳（中）」大森周太郎訳、『言語文化学会論集』第36号、二〇一一年、二三五―二五六頁

「森鴎外「西周伝」現代語訳（下）」大森周太郎訳、『言語文化学会論集』第37号、二〇一一年、二六七―二八五頁

5　清水多吉『西周――兵馬の権はいずこにありや』ミネルヴァ書房、二〇一〇年

6　松島弘『近代日本哲学の祖・西周――生涯と思想』文藝春秋企画出版部、二〇一四年

→西周の評伝は二冊存在します。5は標準的な評伝と言え、6は津和野の郷土史家によるものです。

■入門書

7　北野裕通「「哲学」との出会い――西周」、藤田正勝編『日本近代思想を学ぶ人のために』世界思想社、一九九七年、四―二三頁

8　山本貴光『「百学連環」を読む』三省堂、二〇一六年

9　山岡浩二『明治の津和野人たち：幕末・維新を生き延びた小藩の物語』堀之内出版、二〇一八年

→7は西周の哲学受容やその特徴についての簡潔な見通しを与えてくれます。8は『百学連環』の総論部分を丁寧に読み解くもので、西の格闘のドラマを追体験できます。巻末の現代語訳も大変貴重です。9は西周や鴎外を生んだ土地に根付く文化や歴史を知りたいという人におすすめです。小藩における人材育成の苦難

かもしれません。

の歴史は、今の日本の状況を考える際のヒントになる

■研究書、論文

10 島根県立大学西周研究会編『西周と日本の近代』ぺりかん社、二〇〇五年

11 『北東アジア研究』第14・15合併号（【特集】西周と東西思想の出会い）、島根県立大学北東アジア地域研究センター、二〇〇八年

12 『北東アジア研究』第17号（【特集】北東アジアにおける「読み換え」の可能性）、島根県立大学北東アジア地域研究センター、二〇〇九年

→10は島根県立大学西周研究会での研究成果をまとめた論文集で、西周が取り組んだ様々な学問分野が扱われており、これらを起点としてそれぞれの関心領域へと進むことができるでしょう。11と12は島根県立大学の紀要論文ですが、西周を扱った論文も多く、ネット上からダウンロードも可能です。

■哲学

13 藤田正勝『日本哲学史』昭和堂、二〇一八年

14 小坂国継『明治哲学の研究——西周と大西祝』岩波書店、二〇一三年

15 蓮沼啓介『西周に於ける哲学の成立』有斐閣、一九八七年

16 小泉仰『西周と欧米思想との出会い』三嶺書房、一九八九年

→13は西周を含めた明治前期の哲学受容史にも多く頁を割いているのが特徴です。日本哲学の通史としては現時点の決定版と言えるでしょう。14は氏によるこれまでの西周・大西祝研究の集大成とも言えるものです。西周の論理学、倫理学、美学にバランスよく触れ、その哲学大系を描き出しています。15は緻密な文献研究を得意とする研究者による記念碑的な研究書です。西の哲学受容や法哲学にかかわる部分は先駆的と言えます。16は高名なJ・S・ミル研究者によるもので、西周の功利主義受容にかんして多くの頁を割いています。

■法学・政治思想史

17 菅原光『西周の政治思想——規律・功利・信』ぺりかん社、二〇〇九年

18 大久保健晴『近代日本の政治構想とオランダ』東京大

学出版会、二〇一〇年

19 樋口雄彦『旧幕臣の明治維新――沼津兵学校とその群像』吉川弘文館、二〇〇五年

20 内田貴『法学の誕生：近代日本にとって「法」とは何であったか』筑摩書房、二〇一八年

↓17と18は政治思想史の分野で双璧をなす業績と言って良いでしょう。19は大政奉還後、西が頭取を務めた徳川家の沼津兵学校にかんする貴重な研究です。より広い文脈で、明治時代における西洋的な法学の受容については20をおすすめします。

■国語・日本語論

21 飛田良文編『国語論究　第11集　言文一致運動』明治書院、二〇〇四年

22 亀井孝・大藤時彦・山田俊雄編『日本語の歴史6　新しい国語への歩み』平凡社、二〇〇七年

23 服部隆『明治期における日本語文法研究史』ひつじ書房、二〇一七年

↓西周の日本語論を当時の文脈を踏まえて理解するには、まず21の所収論文を紐解くと良いでしょう。22では言文一致運動や「国語」教育をはじめとした明治期における日本語の変容を学ぶことができます。23には西の日本語文法論の詳細な検討が含まれていますが、上級者向けです。

■翻訳

24 上原麻有子「西周の哲学――翻訳的探究を経て新たな知の想像へ」、藤田正勝編『思想間の対話：東アジアにおける哲学の受容と展開』法政大学出版局、二〇一五年、一五三―一七二頁

25 手島邦夫「西周の新造語について」、『国語学研究』第四一集、東北大学文学部『国語学研究』刊行会、二〇〇二年、一―一三頁

26 同「西周の転用語について」、『国語学研究』第四三集、東北大学文学部『国語学研究』刊行会、二〇〇四年、三六―四六頁

27 同「西周の借用語について」、島根県立大学西周研究会編『西周と日本の近代』ぺりかん社、二〇〇五年、七三―八八頁

28 柴田隆行・石塚正英（監修）『［増補版］哲学・思想翻訳語事典』論創社、二〇一三年

↓24は西周の翻訳という営為のうちに哲学者としての在

り方を見出している名論文です。また、西の訳語にかんしては、25—27の手島氏による一連の論考がこの分野の必読文献となっています。より広く、我が国の翻訳語の来歴を知るには28が良い手引きになるでしょう。

西周略年譜

西暦	和暦	年齢	関係事項／国内外動向
一八二九	文政12	1	2月3日、津和野藩御典医西時義の長男として生まれる。
一八四〇	天保11	12	藩校養老館に入学。
一八四八	嘉永元	20	一代還俗を命じられ、医業ではなく儒学に専念。元服して修亮と改める。養老館句読となる。
一八四九	嘉永2	21	3年間の遊学許可を受け、大阪の後藤機松蔭（頼山陽門下）の塾で学ぶ。
一八五〇	嘉永3	22	松蔭塾を去り、岡山の藩学校にて学ぶ。
一八五一	嘉永4	23	遊学を終え、帰郷。藩主の前で『孟子』の一節を講述。
一八五三	嘉永6	25	江戸御留守詰時習堂講釈に命じられる。ペリー浦賀来航につき、情勢調査のため江戸に派遣される。オランダ語を藩医野村春岱に、数学を桑本才次郎に学ぶ。
一八五四	安政元	26	洋学を学ぶため、脱藩。連れ戻されるも、「永の暇」として処理される。手塚律蔵の塾に入る。オランダ語を池田多仲に学ぶ。

一八五六	安政3	28	中浜（ジョン）万次郎に英語を習う。榎本武揚と知り合う。
一八五七	安政4	29	蕃書調所教授手伝並になる。同僚に津田真道など。
一八五九	安政6	31	糸魚川藩医の娘石川升子と結婚。蕃書調所教授手伝となる。
一八六二	文久2	34	軍艦奉行よりオランダ留学の命を受ける。
一八六三	文久3	35	オランダ・ライデン大学にてシモン・フィッセリング教授のもと、五科の講義を受ける。
一八六五	慶応元	37	フィッセリング教授の講義を終える。帰国の途中、パリで森有礼、五代厚、福地源一郎らと知り合う。
一八六六	慶応2	38	幕府直参となり、開成所教授職となる。フィッセリング口述の『万国公法』を訳し、幕府に献ず。将軍慶喜に招かれ、京都に赴く。
一八六七	慶応3	39	更雀寺にて私塾を開く。『百一新論』講義。慶喜のために「議題草案」を起草。／大政奉還。
一八六八	慶応4／明治元	40	鳥羽伏見の戦い。慶喜とともに江戸へ敗走。その後慶喜に従い、水戸へ。沼津兵学校頭取を命じられる。『万国公法』刊。／御誓文。
一八六九	明治2	41	紳六郎を養子とする。百日の休暇をもらい、津和野へ帰着。名前を周助から周と改める。／版籍奉還。
一八七〇	明治3	42	津和野藩主亀井茲監の求めに応じ、「文武学校基本並規則書」を著す。「復某氏書」を書く。9月新政府により出仕を命じられる。11月に私塾育英舎にて『百学連環』講義。

一八七一	明治4	43	兵部少丞、宮内庁侍読となる。御前進講（英国史、博物新篇）。／廃藩置県。
一八七三	明治6	45	徴兵令。陸軍省第一局第六課長となる。
一八七四	明治7	46	参謀局第三課長を兼ねる。明六社発足。『百一新論』刊。『致知啓蒙』刊。『明六雑誌』に「洋学を以て国語を書するの論」、「非学者職分論」、「教門論」、「知説」、「愛敵論」、「情実論」、「秘密説」、「内地旅行」などを発表。
一八七五	明治8	47	引き続き『明六雑誌』に寄稿。「国民気風論」、「人世三宝説」など。ヘブン『心理学』上中刊（下は翌年）。
一八七六	明治9	48	宮内省御用掛となる。
一八七七	明治10	49	陸軍省参謀局第三課長兼第一局第五課長。J・S・ミル『利学』の漢訳。東京大学が開設。卒業式で演説を行う。／西南戦争開始。
一八七八	明治11	50	燕喜海にて「兵家徳行」、「兵賦論」を講演。「軍人訓戒草稿」を作成。参謀本部出仕。
一八七九	明治12	51	東京学士会院会長に選ばれる。
一八八〇	明治13	52	「軍人勅諭」草稿起草。
一八八一	明治14	53	『兵語字彙』完成。父時義死去。東京師範学校校務嘱託。独逸学協会学校校長となる／明治十四年の政変。
一八八二	明治15	54	「尚白劄記」執筆。イエリング『権利闘争論』翻訳。元老院議官に命じられる。参謀本部御用掛兼文部省御用掛。山県有朋の依頼で「私擬憲法草案」を起草。

一八八三	明治16	55	「大政紀要」編纂。宮内省御用掛免ぜられる。
一八八四	明治17	56	「論理新説」講演。
一八八五	明治18	57	脳疾で人事不省となる。山県有朋の命で桂太郎が来訪。のち持ち直す。／旧藩主亀井茲監没す。伊藤博文内閣成立。
一八八六	明治19	58	参謀本部御用掛および文部省御用掛を退任。「心理説ノ一班」講演。
一八八八	明治21	60	勲二等旭日重光章受章。
一八八九	明治22	61	西夫婦の媒酌で森鷗外が赤松登志子と結婚。静岡で徳川慶喜と会う。／大日本帝国憲法発布。
一八九〇	明治23	62	貴族院議員に勅撰。鷗外が離婚。／第一回帝国議会。
一八九一	明治24	63	貴族院議員辞退。
一八九二	明治25	64	大磯の別荘に移る。歩行困難。
一八九四	明治27	66	この頃より戸外に出ることが一切できなくなる。／日清戦争はじまる。
一八九七	明治30	69	1月に勲一等瑞宝章受章。男爵を授けられる。同月31日に永眠。青山墓地に埋葬。

石井雅巳
（いしい・まさみ）
一九九〇年生まれ。島根県津和野町役場町長付（地域おこし協力隊）を経て、慶應義塾大学大学院文学研究科後期博士課程在籍。
専門は哲学（レヴィナス、西周）。NPO法人bootopia副代表理事。共訳書にグレアム・ハーマン『四方対象』（人文書院、二〇一七年）。主要論文に「『全体性と無限』における享受論の実在論的読解　レヴィナスはいかなる意味で現象学的か」（『フッサール研究』第13号、フッサール研究会、二〇一六年）、「翻訳と日本語――西周の言語哲学――」（『北東アジア研究』第29号、二〇一八年）など。

西周と「哲学」の誕生

2019年9月10日　初版第1刷発行

著者　　石井雅巳

発行所　　堀之内出版
〒192-0355
東京都八王子市堀之内3丁目10-12フォーリア23 206
TEL: 042-682-4350／FAX: 03-6856-3497
http://www.horinouchi-shuppan.com/

造本設計　大崎善治（SakiSaki）
装画　　太田陽博
組版　　トム・プライズ
印刷　　株式会社シナノパブリッシングプレス

ISBN 978-4-909237-41-5

Published by Horinouchi-shuppan
Tokyo, Japan
Tel +81 42 682 4350
http://www.horinouchi-shuppan.com/